O Evangelho de Marcos

Pierre Haudebert

O Evangelho de Marcos

Tradução
Monica Stahel

ABC da BÍBLIA

Edições Loyola

Título original:
L'évangile de Marc
© Les Éditions du Cerf, 2017
24, rue des Tanneries, 75013, Paris, France
ISBN 978-2-204-11023-5

Dados Internacionais de Catalogação na Publicação (CIP)
(Câmara Brasileira do Livro, SP, Brasil)

Haudebert, Pierre
  O evangelho de Marcos / Pierre Haudebert ; tradução Monica Stahel.
-- São Paulo : Edições Loyola (Aneas), 2025. -- (ABC da Bíblia)

  Título original: L'évangile de Marc
  Bibliografia.
  ISBN 978-65-5504-447-8

  1. Bíblia. N.T. Evangelho de Marcos I. Título. II. Série.

25-263229	CDD-226.306

Índices para catálogo sistemático:
1. Evangelho de Marcos : Interpretação e crítica   226.306

Cibele Maria Dias - Bibliotecária - CRB-8/9427

Diretor geral: Eliomar Ribeiro, SJ
Editor: Gabriel Frade

Capa: Ronaldo Hideo Inoue
Diagramação: Sowai Tam
Preparação: Paulo Fonseca
Revisão técnica: Danilo Mondoni, SJ

Projeto gráfico da capa de Ronaldo Hideo Inoue.

Na capa, detalhe da obra *O leão de São Marcos entre os
santos João Batista, Marcos, Maria Madalena e Jerônimo* (representados
no detalhe, João Batista e Marcos), óleo sobre painel (c. 1506-1508)
de Cima da Conegliano (Giovanni Battista Cima) (c. 1459-c. 1517).
Coleção da *Gallerie dell'Accademia*, Campo della Carità, Veneza, Itália.
Foto de Didier Descouens (© Wikimedia Commons).

Tabela cronológica e mapas do miolo
adaptados a partir da edição original francesa.

Rua 1822 nº 341, Ipiranga
04216-000 São Paulo, SP
T 55 11 3385 8500/8501, 2063 4275
editorial@loyola.com.br, **vendas**@loyola.com.br
loyola.com.br, 🌐 @edicoesloyola

*Todos os direitos reservados. Nenhuma parte desta obra pode ser reproduzida ou transmitida
por qualquer forma e/ou quaisquer meios (eletrônico ou mecânico, incluindo fotocópia e gravação)
ou arquivada em qualquer sistema ou banco de dados sem permissão escrita da Editora.*

ISBN 978-65-5504-447-8

© EDIÇÕES LOYOLA, São Paulo, Brasil, 2025

105859

Sumário

Introdução 7

Capítulo 1
Antes de abrir o livro 11

Capítulo 2
Resumo detalhado e estrutura do evangelho 17

Capítulo 3
Uma obra literária 29

Capítulo 4
O reino de Deus 39

Capítulo 5
Jesus, Cristo, Filho de Deus, Filho do homem 49

Capítulo 6
A identidade de Jesus, um segredo
que só se revela na cruz 61

Capítulo 7
João Batista 69

Capítulo 8
Os companheiros de Jesus: os discípulos e os Doze 81

Capítulo 9
Cafarnaum, a cidade galileia de Jesus 91

Capítulo 10
A recepção do evangelho de Marcos 99

Capítulo 11
O evangelho de Marcos, chaves
para compreender nossa cultura 107

Conclusão 111

Anexos 115
    Léxicos 115
    Cronologia 135
    Mapas 139

Bibliografia 143

Introdução

Parente pobre da exegese durante séculos, em detrimento dos três outros evangelhos considerados mais substanciais e mais bem elaborados, o evangelho de Marcos suscita hoje um interesse bem particular por parte dos especialistas. E com justa razão foi incluído na liturgia dominical do Ano B.

Primeiro evangelho escrito, em boa parte retomado por Mateus e Lucas, Marcos é totalmente centrado na pessoa de Jesus: a revelação gradual de sua identidade, Cristo/Messias, Filho de Deus, Filho do homem e o anúncio de sua missão de servo sofredor que veio "dar a vida em resgate por muitos" (10,45). Partilhando as interrogações e até mesmo a incompreensão dos discípulos, o leitor é levado pouco a pouco à profissão de fé ouvida da boca do centurião romano: "Verdadeiramente, este homem era Filho de Deus!" (15,39). De certo modo, percorrer o evangelho de Marcos é assistir à pregação cristã em seu início e chegar às primeiras comunidades.

A Igreja nasce da pregação apostólica logo depois de Pentecostes. Pelo menos é o que diz o livro dos Atos. A primeira tomada de palavra apostólica segue imediatamente o relato de

Pentecostes: "Então Pedro, de pé e cercado pelos Onze, em voz bem alta lhes [às testemunhas do evento] falou" (At 2,14). E o discurso termina assim: "Ora, os que acolheram sua palavra receberam o batismo; e naquele dia aderiram mais ou menos três mil pessoas" (At 2,41). Uma comunidade de crentes acaba de se formar, a Igreja nasceu. Estamos nos anos 30 (data arredondada); Marcos escreverá seu evangelho apenas depois dos anos 60. O que se passou durante esses cerca de trinta anos de vida eclesial sem um escrito sistematizado sobre Jesus e seu ministério? E por que aparece um escrito, o de Marcos, que logo se tornará normativo?

Dois autores do Novo Testamento, Lucas com os Atos dos Apóstolos e Paulo com suas cartas, permitem sugerir em linhas gerais esses anos de amadurecimento. A primeira etapa é a da oralidade. Jesus ressuscitado não deu ordem a seus apóstolos para escreverem, mas para pregarem: "Ide pelo mundo inteiro, proclamai o Evangelho a todas as criaturas" (16,15). O livro dos Atos repete amplamente essa atividade missionária: a de Pedro junto aos judeus (At 2,14-40; 3,12-26; 4,8-12; 5,29-32) e ao centurião Cornélio (At 10,34-43), a de Paulo junto aos judeus (At 13,16-41) e aos pagãos (At 14,5-7; 17,22-31). E o que eles dizem sobre Jesus para levar seus ouvintes à conversão e ao batismo? "Mas Deus o ressuscitou […], entronizou como Senhor e Cristo este Jesus que vós crucificastes" (At 2,24-36); "é por ele que nos é anunciado o perdão dos pecados" (At 13,38). É até possível que Marcos tenha se inspirado numa parte do discurso de Pedro na casa de Cornélio (At 10,37-41) para estabelecer o plano de seu evangelho.

A essa pregação junta-se o ensinamento oral. Além da salvação que ele lhes traz por meio de sua morte e ressurreição, os novos discípulos de Jesus sentem a necessidade de saber o que foi a vida de seu Salvador, o que ele fez, o que ensinou, as instruções que deu para segui-lo. Os apóstolos, e depois deles seus discípulos, recorrem à memória dele, ao que ouviram da boca do Mestre, ao que ele respondeu às perguntas feitas. E sempre oralmente constitui-se um início de liturgia ao menos para dois sacramentos essenciais: o batismo e a eucaristia. O batismo é dado "em nome de Jesus Cristo, para conseguir perdão dos pecados" e o dom do Espírito Santo (At 2,38). Quanto à eucaristia, chamada "ceia do Senhor", é celebrada nas casas, decerto no decurso de uma narrativa da Paixão. Paulo a repete em sua primeira carta aos Coríntios, escrita pouco antes de 55 d.C. Ele reproduz o relato da Instituição (1Cor 11,24-25) em termos muito próximos aos de Marcos (14,22-24).

Uma segunda etapa nesse ínterim Jesus-evangelhos poderia ser qualificada de pré-escritura parcial. As testemunhas diretas da vida e do ministério de Jesus, ou seja, os apóstolos, em razão da extensão da fé cristã e da multiplicidade das comunidades locais, tiveram gradualmente de se prover de colaboradores. Por um lado, para ajudá-los em seu ministério, e, por outro, para se certificarem da fidelidade o mais correta possível ao que viveram com o Mestre, "livretos" ou "coletâneas" de milagres, parábolas ou outros elementos surgirão pouco a pouco. Foi assim que muito cedo estabeleceu-se como que um esboço da narrativa da Paixão, mensagem essencial da fé cristã. De fato, constata-se que os quatro evangelhos, além das particularidades próprias de cada evangelista, relatam a Paixão do Senhor com as mesmas etapas, e, é claro, na mesma ordem: a prisão, o comparecimento perante o Sinédrio e depois perante Pilatos, o Calvário e a morte de Jesus. O mesmo esquema ocorre com respeito aos dez milagres relatados quase sucessivamente por Mateus (Mt 8–9), assim como às sete parábolas de seu capítulo 13. Marcos procede da mesma maneira: de 1,29 a 3,6 quatro milagres são mencionados e seguem-se quase imediatamente depois três parábolas (Mc 4,1-34). Esta constatação leva a supor a existência de coletâneas preestabelecidas. Poderia ser o mesmo para a chamada "jornada de Cafarnaum" (1,21-34): coletaria diversas atividades de Jesus nessa cidade (ensinamentos, exorcismos, curas) em diferentes momentos de seu ministério na Galileia.

Mas, à medida que o tempo passa e tarda a volta do Senhor, contrariando a esperança da primeira geração cristã de que fala Paulo (cf. 1Ts 4,13-15), faz-se sentir a necessidade de legar às gerações futuras uma tradição o mais certa e completa possível sobre Jesus, seu ministério, morte e ressurreição. Marcos será o primeiro a empenhar-se no trabalho.

Ao longo do estudo que se segue, as referências entre parênteses, sem indicação prévia do livro bíblico, remetem todas ao evangelho de Marcos.

1
Antes de abrir o livro

A tradição que atribui o segundo evangelho a Marcos é bastante sólida e constante. Em contrapartida, a identificação deste Marcos mostra-se mais delicada, uma vez que este nome – Marcos (*Markos* em grego; *Marcus* em latim) – era comum na época (por exemplo, Marco Antônio, Marco Aurélio).

Marcos, o autor

O título "segundo Marcos" (*katá Markon*) atribuído ao segundo evangelho aparece nos manuscritos por volta do fim do século II. Mas cerca de cinquenta anos antes, por volta de 120-130, Pápias, bispo de Hierápolis, na Frígia (Ásia Menor), escreve a propósito do nosso evangelho:

> E eis que dizia o presbítero: Marcos, que era o intérprete de Pedro, escreveu com exatidão, no entanto sem ordem, tudo o que lembrava do que fora dito ou feito pelo Senhor. Pois ele não vira nem acompanhara o Senhor; porém mais tarde [...] ele acompanhou Pedro (trad. fr. G. Bardy, s. c. 31, 157).

Ireneu de Lyon (século II), Clemente de Alexandria (séculos II-III), Orígenes (fim do século II, século III) lhe dão crédito. Mais tarde também o dará São Jerônimo (séculos IV-V). Admitamos que há uma boa unanimidade da tradição eclesiástica para atribuir a Marcos a paternidade do segundo evangelho.

Resta agora dar um rosto a esse Marcos. O livro dos Atos fala de um certo "João, chamado também Marcos", filho de Maria, membro da comunidade judeu-cristã de Jerusalém (At 12,12) e esclarece que Paulo e Barnabé, de volta a Antioquia depois de um tempo em Jerusalém, levam-no consigo (At 12,25). Ainda segundo o livro dos Atos, Marcos acompanha Paulo e Barnabé por ocasião da primeira viagem missionária (At 13,5), mas por pouco tempo, pois assim que chegam a Perge, ele os deixa para voltar a Jerusalém (At 13,13). E, embora em sua segunda viagem missionária Paulo recuse a companhia de Marcos, que embarca então para Chipre com seu primo Barnabé (At 15,39; Cl 4,10), alguns anos depois qualifica-o de "colaborador" (Fm 24); e um pouco mais tarde, quando prisioneiro em Roma, Paulo reclama a presença de Marcos a seu lado, pois, diz ele, "poderá me ajudar no ministério" (2Tm 4,11). Por outro lado, uma carta dita do apóstolo Pedro indica sua presença em Roma, então como seu discípulo (1Pd 5,13).

Dito isso, sempre será possível indagar se se trata do mesmo homem, ora chamado Marcos (nas cartas), ora João Marcos (nos Atos). No entanto, observemos que nos Atos Lucas conhece as duas denominações (At 12,12; 15,39). Portanto, não há razão para recusar a (João) Marcos a paternidade do segundo evangelho.

Data de redação

Se há concordância em dizer que Mateus e Lucas têm conhecimento da guerra judaica dos anos 66-70 (cf. Lc 21,20) e, portanto, só escreveram depois desse acontecimento, o mesmo não é fato para Marcos. É certo que em Marcos 13,1-2 é mencionada a destruição do Templo, mas acredita-se que no caso se trata de um clichê bíblico de tipo profético. Sugerir os anos 50-55 sob pretexto de que um fragmento de manuscrito de Qumran poderia ser lido como uma passagem de Marcos (6,52-53), conforme pensaram alguns especialistas, não é aceitável. Resta a tradição antiga: Marcos teria escrito seu evangelho quando Pedro ainda estava vivo, segundo Clemente de Alexandria (séculos II-III). Segundo Ireneu de Lyon, Marcos teria iniciado o trabalho depois do martírio de Pedro, em 64, e até de Paulo, em 67. O intervalo 63/64-68/69 parece o mais provável.

Lugar de composição e destinatários

O lugar que Marcos confere à Galileia, região essencialmente rural, e a importância dos deslocamentos de Jesus na região do Norte (Tiro, Sídon, Decápole) poderiam levar a pensar numa origem síria. Entretanto, seguindo Clemente de Alexandria e Orígenes, Roma e a comunidade cristã dessa cidade parecem o lugar mais provável. De fato, numerosos indícios apontam para esta solução. Em primeiro lugar, Marcos escreve para pagãos-cristãos e não para judeus-cristãos: sente-se obrigado a explicar costumes judeus desconhecidos por seus leitores (7,3-4; 14,12; 15,42), a traduzir para o grego termos aramaicos que utiliza, por exemplo, "*talitha kum*", "menina, levanta-te" (5,41) ou "*Abba*", "Pai" (14,36). Por outro lado, no texto grego de Marcos identificam-se muitos latinismos, ou seja, transcrições em letras gregas de palavras latinas (por exemplo, *denarius – denarion*: dinheiro). Finalmente, não é impossível que no capítulo 13 certas expressões: "ruídos de guerras e notícias de outras guerras" (13,7) ou passagens como o comparecimento dos crentes diante dos tribunais (13,9-10) ou as traições familiares (13,11-13) limitem-se a repetir os tempos conturbados vividos por Roma nos anos 60-70: perseguições de Nero e guerra civil por ocasião de sua morte, em 68.

Fontes

É relativamente fácil identificar as fontes ou documentos utilizados por Mateus e Lucas para redigir seus evangelhos – ambos seguem em parte considerável, às vezes modificando-o ligeiramente, o texto de Marcos: 508 versículos de 1.068 no caso de Mateus, 430 versículos de 1.160 no caso de Lucas. Vamos dar o exemplo da narrativa da tempestade acalmada: Marcos 4,35-42 // Mateus 8,18.23-27 // Lucas 8,22-25. Por outro lado, ambos recorrem a um segundo documento designado pela letra Q, primeira letra da palavra alemã *Quelle*, que significa "fonte". A oração do pai-nosso é um exemplo: Mateus 6,9-13 // Lucas 11,2-4. Finalmente, Mateus e Lucas têm acesso a uma fonte que é própria de cada um: o juízo final em Mateus 25,31-46, a parábola do bom samaritano em Lucas 10,29-37, por exemplo.

Mas e quanto a Marcos, primeiro evangelista? Qual pode ser sua documentação? Hipóteses não faltam: ele teria recorrido à fonte Q; teria se inspirado no evangelho de Tomé, evangelho apócrifo; teria utilizado um evangelho primitivo anterior. Essas teorias continuam sendo hipóteses em geral não aceitas.

Marcos é um verdadeiro autor que concebeu sua obra em parte no duplo contexto do silêncio imposto por Jesus e da incompreensão dos discípulos. Para isso, utilizou tradições orais e sem dúvida escritas, das quais é difícil discernir tanto a proveniência como o conteúdo. Tudo indica, no entanto, que algumas de suas fontes já se apresentavam sob a forma de agrupamento de temas, espécies de antologias ou inventários: da Paixão (cap. 14–15), de parábolas (cap. 4), de milagres (4,35–5,43). Além disso, a quantidade de títulos dados a Jesus: Messias, Senhor, Filho de Davi, Filho de Deus, Filho do homem, sugere uma multiplicidade de fontes utilizadas.

O final do evangelho (16,9-20)

Embora canônico, ou seja, reconhecido pelo Concílio de Trento como Escritura inspirada, e por conseguinte utilizado pela Igreja na liturgia, o final do evangelho de Marcos não é dele, mas de outro autor até hoje não identificado.

Quais podem ser as razões dessa convicção quase unânime dos especialistas? São muitas. A primeira, não desprezível, é a da primeira tradição. Embora por volta de 180 Ireneu cite o versículo 29 de Marcos 16 como sendo do evangelista Marcos, e na mesma época Justino faça possíveis alusões a Marcos 16,9-20, dois manuscritos do século IV ditos unciais, por serem escritos em letras gregas maiúsculas, não conhecem este final. E, apesar de integrar este final de Marcos 16,9-20 na Vulgata, Jerônimo conhece muito bem esta hesitação. Mas, num segundo momento, o que parece mais determinante é o exame do próprio texto. Por um lado, os especialistas estão de acordo ao reconhecer em Marcos 16,9-20 um estilo e um vocabulário diferentes daqueles do evangelho de Marcos. Por outro lado, ao passo que Marcos termina seu evangelho apontando que as mulheres, ao saírem do túmulo, "não disseram nada a ninguém. Pois tinham medo" (16,8), está dito explicitamente em 16,9-10 que Maria Madalena "foi contar o fato aos que tinham sido seus companheiros". O mesmo autor se contradiria desta maneira? Além do mais, essa Maria Madalena, já mencionada em 15,40.47 e em 16,1, só é definida em Marcos 16,9 como sendo aquela de quem Jesus "havia expulsado sete demônios", sem dúvida reminiscência de Lucas 8,2. Finalmente, ao passo que em Marcos 16,7 as mulheres recebem do Ressuscitado a missão de dizer a Pedro e aos discípulos para irem à Galileia para o encontrar, em 16,9-20 a Galileia não é mais mencionada.

Esse final de um autor desconhecido parece ter tido existência independente do evangelho de Marcos, extraído de Lucas-Atos e de João 20 e acrescentado depois, mas muito cedo, pois Ireneu o conhece, para não deixar o leitor com o silêncio das mulheres beneficiárias do aparecimento do Ressuscitado. Como nos outros evangelhos, convinha explicar que os apóstolos receberam a missão do Ressuscitado de proclamar "o Evangelho a todas as criaturas" (16,15).

Além disso, no lugar deste final (16,9-20), um manuscrito do século IV, chamado de *Vetus Latina*, também desejoso de preencher o silêncio das mulheres, conclui desta maneira:

> Ora, tudo o que lhes fora ordenado, elas anunciaram de maneira concisa aos que estavam em torno de Pedro. Depois disso, o próprio Jesus [lhes apareceu] e enviou por eles, do levante ao poente, a pregação sagrada e incorruptível da salvação eterna. Amém.

2
Resumo detalhado e estrutura do evangelho

Já no primeiro versículo, a narrativa de Marcos é anunciada como um evangelho (*euangelion*), ou seja, uma Boa-nova, este é o sentido da palavra grega: "Começo do Evangelho (Boa-nova) de Jesus Cristo, filho de Deus" (1,1). O termo *euangelion* é empregado na literatura helenística para anunciar uma vitória militar ou o nascimento de um futuro imperador, por exemplo Vespasiano. Na segunda parte do livro de Isaías, *euangelion* assume um significado nitidamente religioso. O profeta utiliza o termo para anunciar a Boa-nova do Messias futuro (Is 52,7), ou seja, da ação libertadora de Deus. E é justamente esta Boa-nova que Marcos quer transmitir a seus leitores falando-lhes de Jesus.

Um estatuto literário particular

Marcos não tem a intenção de escrever uma biografia, gênero literário conhecido na época como homenagem a personagens ilustres. Ele nada diz sobre o nascimento de Jesus, sua juventude, sua educação, nada ou quase nada sobre sua família. Ele o faz surgir subitamente às margens do Jordão, decerto por volta dos trinta anos. E, se dedica dois capítulos à sua morte e suas circunstâncias, é justamente porque nesta morte revela-se a Boa-nova que ele propõe transmitir.

Tampouco formula uma ata da atividade de Jesus dia após dia. Basta comparar seu texto aos três outros evangelhos, que não apresentam necessariamente o mesmo itinerário e relatam milagres e ensinamentos suplementares.

Não, Marcos escolheu relatar as palavras e ações de Jesus que a seu ver eram as mais adequadas a seu objetivo, ou seja, levar o leitor a dizer conforme o centurião romano: "Verdadeiramente, este homem era Filho de Deus!" (15,39).

A narrativa evangélica de Marcos

Para anunciar a Boa-nova que é Jesus Cristo, filho de Deus, Marcos evoca o personagem de João, que como precursor prega e batiza (1,2-8), depois chega a Jesus, que batizado por João vai para o deserto e é tentado por Satanás (1,9-13).

Ministério de Jesus na Galileia

Em poucas palavras, fica claro que Jesus está na Galileia: ele anuncia a Boa-nova (1,14-15) e logo passa à convocação de quatro discípulos (1,16-20). Vai com eles para Cafarnaum num dia de sábado: lá ele ensina, expulsa demônios, faz muitas curas, entre as quais da sogra de Pedro, depois deixa o lugar e vai para povoados vizinhos.

Em algum lugar da Galileia, um leproso obtém de Jesus sua cura (1,40-45). De volta a Cafarnaum, Jesus cura um paralítico (2,1-12), e às margens do mar da Galileia chama um quinto discípulo (2,13-14). Segue-se então uma série de controvérsias com os escribas e os fariseus sobre a refeição com os pecadores, o jejum e o respeito ao sábado (2,15-28). Num dia de sábado, numa sinagoga não localizada, Jesus cura um homem que tem a mão atrofiada. Precisa então retirar-se para a beira do lago para fugir da multidão (3,1-12). Numa montanha, ele institui os doze apóstolos (3,13-19). De volta para casa, enfrenta a hostilidade dos seus e também dos escribas e precisa definir quem são seus verdadeiros parentes (3,20-35).

Às margens do mar da Galileia, Jesus fornece todo um ensinamento sobre o Reino por meio de parábolas, e quando necessário as explica: parábola do semeador, da lâmpada, da medida, da semente que cresce sozinha, do grão de mostarda (4,1-34). Ao chegar a noite, resolve passar para a outra margem, e na travessia estanca uma forte tempestade que amedronta os apóstolos (4,35-41). Chegando à terra, à região dos gerasenos, exorciza um endemoninhado (5,1-20) e retoma a barca para passar para a outra margem. Mal chega à terra, um chefe de sinagoga, Jairo, pede-lhe que cure sua filha gravemente doente, o que ele fará depois de curar uma hemorroíssa que conseguiu tocá-lo (5,21-43). Depois vai para Nazaré, sua terra; no sábado, Jesus ensina na sinagoga, mas seus compatriotas mostram-se tão pouco acolhedores que ele não pode fazer nenhum milagre (6,1-6).

Parte então para ensinar nos povoados vizinhos e envia os Doze em missão, dando-lhes autoridade para ensinar, curar os doentes e expulsar os demônios (6,6-13). Herodes Antipas, tetrarca da Galileia e Pereia, pergunta-se sobre a identidade de Jesus e indaga se ele não seria João Batista ressuscitado (6,14-16). De fato, a pedido de Salomé, filha de Herodíades, sua segunda esposa e que não suporta as reprimendas do Batista, ele mandara decapitá-lo (6,17-29).

Ao voltarem de sua missão, Jesus propõe aos Doze que descansem e se restaurem num lugar isolado; mas logo são obrigados a fugir por causa da multidão que se aglomera. Então tomam uma barca e vão para mais longe. Mas as pessoas chegam antes deles. Jesus põe-se a instruí-las longamente e depois, sendo hora avançada, em vez de mandá-las para casa sem comer, multiplica os cinco pães e dois peixes encontrados entre os ouvintes (6,30-44). Os discípulos voltam a tomar a barca para ir para Betsaida enquanto Jesus despede a multidão e se isola para rezar. Ao anoitecer, percebendo que a barca enfrentava um vento contrário, ele vai ao encontro dos discípulos andando sobre as águas, para grande susto deles (6,45-52). Quando aportam em Genesaré, perto de Cafarnaum, os habitantes da região dos arredores levam seus doentes até Jesus para obterem a cura (6,53-56). Fariseus e escribas vindos de Jerusalém interrogam Jesus sobre a conduta de seus discípulos, que não se conforma às suas tradições. Como única resposta, são chamados de hipócritas (7,1-13). Segue-se então um ensinamento sobre o puro e o impuro, desta vez dirigido à multidão (7,14-23).

Subitamente, Jesus deixa as margens do lago de Tiberíades e faz breve incursão pela Fenícia. Em Tiro, encontra uma siro-fenícia que por insistência obtém a cura de sua filha possessa de um espírito impuro (7,24-30). Depois, por Sídon e pelo lago da Galileia, chega à região da Decápole, na margem oriental do lago, e cura um surdo-gago que lhe é apresentado, suscitando admiração das testemunhas (7,31-37). Provavelmente nessa mesma região, apiedando-se da multidão sem provisões, multiplica os sete pães que os discípulos tinham; terminada a refeição, despede a multidão e de barca vai com seus discípulos para a margem oeste do lago, a região de Dalmanuta, não longe de Cafarnaum (8,1-10).

Os fariseus abordam Jesus em busca de um sinal de sua parte e só recebem uma resposta negativa (8,11-13). Jesus embarca novamente com seus discípulos para voltar a Betsaida. Ao longo do percurso, repreende-os amargamente pela falta de inteligência. Chegando ao destino, Jesus, com algumas dificuldades, cura um cego (8,22-26). Depois, voltando-se para o norte, dirige-se para Cesareia de Filipe, capital do tetrarca Filipe, irmão de Herodes Antipas. No caminho, pergunta a seus discípulos: "E vós, quem dizeis que sou?". Dos Doze interrogados, só um responde, Pedro: "És o Cristo". Mas então recebem ordem de manter silêncio (8,27-30).

Jerusalém no horizonte

Imediatamente depois, Jesus anuncia aos discípulos a sorte que Jerusalém lhe reserva: sua entrega à morte, mas também sua ressurreição. Pedro não consegue admitir tal destino, mas Jesus o admoesta com firmeza, e à multidão convocada em torno dos discípulos explica que quem quiser segui-lo deverá também carregar sua cruz (8,31–9,1).

Seis dias depois, acompanhado por Pedro, Tiago e João, ele sobe uma montanha, provavelmente o monte Tabor, e transfigura-se diante dos discípulos. Ao descer, Jesus impõe silêncio às testemunhas até sua ressurreição. O termo ressurreição suscita um pedido de explicação e acarreta a questão da volta de Elias (9,2-13). Descendo da montanha, os quatro reencontram os discípulos rodeados por uma multidão. Alguém pede a Jesus a cura do filho possesso de um espírito mudo, uma vez que os discípulos requisitados antes não tinham sido capazes de fazê-lo (9,14-29).

Percorrendo a Galileia com toda a discrição, pela segunda vez Jesus fala a seus discípulos sobre sua iminente morte e ressurreição em Jerusalém; mas eles não compreendem e têm outra preocupação. Chegando a Cafarnaum, Jesus novamente conversa com eles, ensinando-lhes o espírito de serviço e o senso de respeito até mesmo ao mais simples (9,30-50).

Jesus então deixa a Galileia rumo à Judeia. No percurso, não longe do Jordão, fariseus o interrogam sobre a questão do divórcio (10,1-2). Depois, encontros fortuitos permitem-lhe falar sobre as condições de acesso ao Reino: o espírito de infância, o bom uso das riquezas (10,17-27), assim como a preocupação com o desprendimento (10,28-31).

Continuando seu caminho para Jerusalém, pela terceira vez Jesus fala a seus discípulos de sua morte-ressurreição, e pela terceira vez os discípulos mostram total incompreensão. De fato, a preocupação dos filhos de Zebedeu é completamente outra: qual poderá ser seu lugar no reino terreno por vir? Jesus é obrigado a retomar seu ensinamento sobre o senso do serviço de que os responsáveis devem dar provas, e isto a seu exemplo (10,32-45). Ao chegar a Jericó, Jesus cura um cego em razão de sua fé (10,46-52).

Ministério em Jerusalém

De Jericó, Jesus toma o caminho de Jerusalém. Ao aproximar-se do monte das Oliveiras, de Betânia envia dois discípulos para buscarem um jumentinho, e é montado nele que entra triunfalmente na cidade santa. Chega a noite, ele parte de novo para Betânia (11,1-11). No dia seguinte, volta a Jerusalém. No caminho, maldiz uma figueira que fora da estação não tem figos. Entrando no complexo do Templo, expulsa os vendedores que lá estavam, e ao cair a noite deixa a cidade (11,12-19). Na manhã seguinte, passando novamente diante da figueira, Pedro espanta-se por vê-la seca. Esta reflexão do apóstolo dá a oportunidade a Jesus de falar da força da oração (11,20-25). Chegando ao adro do Templo, Jesus é interrogado pelos notáveis judeus sobre a origem de sua autoridade. Depois de se recusar a responder à pergunta insidiosa (11,27-33), Jesus conta-lhes a parábola dos viticultores homicidas. Sentindo-se acusados por suas palavras, os notáveis o deixam (12,1-12). Chegam então fariseus e herodianos que, alegando como pretexto o imposto devido a César, tentam colocá-lo em dificuldade. Em seguida são os saduceus que, empregando o mesmo método, o interrogam sobre a ressurreição dos mortos (12,13-27). Finalmente é um escriba que, no mesmo estado de espírito que os discípulos, interroga-o sobre o primeiro mandamento (12,28-34). Retomando a iniciativa, Jesus emite um julgamento severo sobre os escribas (12,35-40), e percebendo um gesto generoso de uma viúva toma-a como exemplo (12,41-44). Saindo do Templo, uma reflexão de admiração de um discípulo sobre a construção imponente oferece a Jesus a oportunidade de dar um ensinamento sobre o fim dos tempos: os sinais precursores, a sorte de Jerusalém, o momento imprevisível desse dia, e naturalmente conclui com uma exortação à vigia (13,1-37).

A Paixão de Jesus

Dois dias antes da Páscoa judaica, Jesus está em Betânia na casa de um certo Simão. Está à mesa quando uma mulher lhe derrama na cabeça um jarro de nardo. Diante da reação indignada de alguns, Jesus toma a palavra e justifica o gesto anunciando sua morte em palavras encobertas. E, justamente na mesma hora, Judas prepara sua traição (14,1-11). Na véspera da ceia pascal, os discípulos preocupam-se com o lugar da celebração; Jesus envia dois deles a Jerusalém, à casa de um homem seu conhecido, ao que parece, para pedir-lhe que ponha à disposição deles uma grande sala. Eles preparam a festa (14,12-16). Ao anoitecer, Jesus e os Doze põem-se à mesa. Durante a ceia, para grande surpresa do grupo, Jesus anuncia a traição de um deles. Depois partilha o pão e faz passar o cálice, apresentando-os como seu corpo e seu sangue. Deixando a sala para ir ao monte das Oliveiras, Jesus anuncia a próxima negação de Pedro (14,17-31).

Chegando ao Getsêmani, Jesus isola-se do grupo junto com Pedro, Tiago e João. Participa-lhes sua imensa tristeza, pede-lhes que vigiem e por três vezes vai para mais longe conversar com seu Pai em uma oração de súplica, e depois de aceitação. A cada vez, ele volta até os três discípulos e os encontra adormecidos. Mas na terceira vez pede-lhes que se levantem, pois é chegada a hora (14,32-42). De fato, Judas chega com um bando, e a um sinal combinado, um beijo, designa Jesus, que só tem tempo para mostrar que tem consciência do que lhe está acontecendo. Quanto aos discípulos, todos fogem (14,43-52).

O bando o conduz ao palácio do sumo sacerdote. Os membros do Sinédrio buscam testemunhos contra Jesus para justificar a prisão, mas estes são discordantes. Então o sumo sacerdote intervém: "És tu o Cristo, o Filho do Bendito?", e diante da resposta positiva de Jesus a assembleia declara que ele merece a morte (14,53-65). Durante este comparecimento, Pedro, que tão energicamente protestara sua fidelidade, por três vezes renega seu Mestre. O canto do galo, anunciado por Jesus, o faz cair em si e ele prorrompe em choro de arrependimento (14,66-72).

De manhã, o tribunal superior entrega Jesus ao Procurador para a execução da sentença. Interrogado por ele, Jesus reconhece sua realeza, mas recusa-se a responder a outras perguntas. Surpreso, Pilatos propõe aos judeus uma troca com o rebelde assassino Barrabás, mas a multidão não aceita, reivindica a crucifixão de Jesus e a libertação de Barrabás. Pilatos acaba cedendo. Os soldados romanos apoderam-se de Jesus imediatamente, e por zombaria colocam-lhe uma coroa que nada tem de real (15,1-20).

Jesus é então levado ao lugar do suplício, o Gólgota, ajudado por Simão de Cirene para carregar a cruz. Ao longo da manhã, é despido, pregado numa cruz que traz a inscrição: "O rei dos judeus". E durante algumas horas é submetido a injúrias e zombarias. Por volta das quinze horas, ele solta um grito forte e expira (15,20-41). No fim do dia, um notável judeu, José de Arimateia, vem pedir a Pilatos o corpo de Jesus para sepultá-lo decentemente. Duas mulheres, Maria Madalena e Maria, mãe de Joset, assistem ao sepultamento (15,42-47).

A Ressurreição

No dia seguinte ao sábado, muito cedo, Maria Madalena, Maria, mãe de Tiago, e Salomé vão ao túmulo para ungir o corpo de Jesus. Ao lado do sepulcro aberto, um jovem vestido com uma túnica branca anuncia-lhes a ressurreição do Senhor e pede-lhes que digam aos discípulos para voltarem à Galileia para que possam encontrá-lo. Amedrontadas, vão embora e se calam (16,1-8).

De acordo com o final reconhecido como canônico mas provindo de outra mão que não a de Marcos, sem dúvida inspirado nos evangelhos de Lucas e de João, na manhã de Páscoa Jesus ressuscitado aparece para Maria Madalena, que anuncia a nova aos discípulos incrédulos; e assim continuam mesmo depois do testemunho de dois discípulos. Finalmente, Jesus aparece aos Onze, repreende-os pela incredulidade, depois envia-os para transmitir a Boa-nova, o que eles irão fazer após o Senhor ter ascendido ao céu (16,9-20).

Um evangelho galileu

1,1-13	*Prefácio*: no Jordão, João, pregador e batista; Jesus batizado depois tentado no deserto.
1,14—8,30	*Ministério de Jesus na Galileia*
1,14—3,25	O ponto de convergência de Cafarnaum: convocação dos primeiros discípulos, um sábado em Cafarnaum, cura de um paralítico, diversas controvérsias, instituição dos Doze.
4,1-34	Ensinamento em parábolas: o semeador, a lâmpada, a semente que cresce sozinha, o grão de mostarda.
4,35—6,6a	Quatro relatos de milagres: tempestade acalmada, o endemoninhado geraseno, hemorroíssa, filha de Jairo, depois visita a Nazaré.
6,6b—7,23	Em algum lugar na Galileia: missão temporária dos Doze, Herodes e a morte de João Batista, alguns milagres: primeira multiplicação dos pães, caminhada sobre as águas, diversas curas; diversas conversas.
7,24—8,30	Rumo a Cesareia de Filipe: quatro relatos de milagres: cura da filha de uma pagã, de um surdo-gago, segunda multiplicação dos pães, cura do cego de Betsaida; pergunta de Jesus aos apóstolos: "Quem sou eu?".

8,31–10,52	Jerusalém no horizonte
8,31–9,1	Primeiro anúncio da Paixão, incompreensão de Pedro, condições para seguir Jesus.
9,2-13	Transfiguração, pergunta a respeito de Elias.
9,14-29	Cura de um endemoninhado epiléptico.
9,30–10,31	Segundo anúncio da Paixão, incompreensão dos discípulos, diversos ensinamentos: sobre o divórcio, a riqueza.
10,32-45	Terceiro anúncio da Paixão, pedido dos filhos de Zebedeu.
10,46-52	Jesus em Jericó, cura de um cego.
11,1–13,37	Ministério de Jesus em Jerusalém
11,1-11	Entrada triunfal em Jerusalém.
11,12-25	A figueira estéril, expulsão dos vendedores do Templo.
11,27-33	Questões dos judeus sobre a autoridade de Jesus.
12,1-44	Diversos ensinamentos de Jesus.
13,1-37	Discurso escatológico, exortação à vigia.
14,1–15,47	A Paixão de Jesus
14,1-31	Os preâmbulos: unção em Betânia, preparação da ceia pascal, anúncio da traição de Judas e da negação de Pedro.
14,32-52	Agonia no Getsêmani e prisão de Jesus.
14,53-72	Julgamento diante do Sinédrio, negação de Pedro.
15,1-20a	Julgamento diante de Pilatos, condenação à morte.
15,20b-47	Caminho da cruz, crucifixão, morte, sepultamento.
16,1-8 (9-20)	Epílogo: a Ressurreição. O envio em missão

3
Uma obra literária

Marcos não seria o simples secretário ou intérprete de Pedro, conforme escreve o bispo Pápias por volta de 120-130 e como ainda era considerado até o final do século XIX? Ou, ao contrário, não será ele o verdadeiro autor que concebe e prescreve seu evangelho em função da mensagem de fé que deseja transmitir ao leitor, ou seja, a de que Jesus de Nazaré, cujas palavras e gestos ele relata, é de fato Cristo, Filho de Deus?

O evangelho de Marcos, eco da pregação de Pedro?

Muitos sinais de oralidade permeiam o texto evangélico. Marcos aprecia muito particularmente o uso do advérbio *euthus* ("imediatamente") com frequência precedido pela conjunção *kai* ("e"), para passar de uma cena para outra ou no interior de uma mesma cena, justapondo, sem os coordenar, os elementos de sua narrativa. Assim, Marcos utiliza 42 vezes esse advérbio, ao passo que em seu evangelho Lucas só o emprega uma vez (cf., por exemplo, o "chamado dos quatro primeiros discípulos"

[1,16-20] ou a "cura da sogra de Simão" [1,29-31]). Dentro da mesma ordem de ideias, mas em sentido contrário, Marcos praticamente não usa a partícula oun ("portanto"), própria do raciocínio. Só a emprega três vezes (10,9; 13,35; 15,12), ao passo que Mateus a emprega amplamente (57 vezes), assim como Lucas (31 vezes).

Uma narrativa próxima da oralidade

Seu estilo apresenta incorreções, sem dúvida aceitáveis, mas pouco elegantes aos olhos do leitor. No relato da cura do paralítico, Marcos escreve: "Como não podiam apresentá-lo a ele por causa da multidão, descobriram o terraço em cima do lugar onde ele [Jesus] se encontrava, e, furando um buraco, fazem descer a padiola" (2,4).

Do mesmo modo, evocando a inscrição da cruz, ele escreve literalmente: "Uma inscrição estava escrita" (15,26). Essa escrita tautológica lhe é quase costumeira (cf. 4,2; 7,33; 9,2; 14,33).

Enfim, como característica própria da oralidade que não se incomoda necessariamente com a precisão ou não se preocupa com as repetições, mais detectáveis quando lemos do que quando ouvimos, Marcos com muita frequência situa o ensinamento de Jesus "em casa", sem mais detalhes (7,17; 9,28; 10,10), ou "fora de casa" (8,27), ou "a caminho" (10,32).

Uma tradução do aramaico

A pregação de Pedro repercutida por Marcos deve ter sido feita em aramaico, sua língua materna. Para ser entendido por seus leitores de origem pagã, Marcos deve ter utilizado a língua deles, ou seja, o grego, que, ao contrário de Lucas, ele não domina perfeitamente, daí certa pobreza de seu vocabulário.

Assim, os verbos "ter, fazer, poder, querer" aparecem constantemente em sua narrativa, a expressão "de novo" é frequente, o presente do indicativo é o tempo mais empregado.

Mas o fato mais notável de dependência de Marcos de uma oralidade aramaica é o emprego frequente de termos nessa língua, que, aliás, ele se vê obrigado a explicar ao leitor. Assim, na ordem de seu relato, "*Boanerges*: Filhos do Trovão" (3,17), "*Talitha kum*: Menina, levanta-te!" (5,41), "*Corban*: Oferta a Deus" (7,11), "*Effatá*: Abre-te (7,34), "*Abba*: Pai" (14,36), "*Eloí, Eloí, lemá sabactáni*: Meu Deus, meu Deus, por que me abandonaste" (15,34). Lucas não retoma nenhum desses termos e Mateus só cita a última frase.

Um relato, reprodução de um testemunho ocular

Marcos se compraz em destacar o olhar de Jesus para os que estavam à sua volta (3,34), para a multidão na qual encontra a hemorroíssa que o tocou (5,32), para seus discípulos (10,23). Esse olhar às vezes é caracterizado como "de cólera" (3,5) ou apresentado como inquisidor (11,11). A observação desses fatos, que não são registrados nem por Mateus nem por Lucas, só pode provir de quem os testemunhou. O mesmo vale para o relato da tempestade acalmada (4,35-42). Dos três evangelhos que a relatam, Marcos é o único a observar que "as ondas caíam com violência sobre a barca" e a descrever o lugar de Jesus nessa barca: "Ele dormia na popa, apoiado num travesseiro"; por outro lado, não esconde o medo dos apóstolos, que Mateus não menciona.

Enfim, Marcos é o evangelista do "bem visto", do "bem ouvido".

Marcos, verdadeiro autor de um escrito composto com habilidade

O fato de Marcos fazer-se o eco da pregação de Pedro, em parte não definida com precisão, não impede que ele componha seu evangelho não só com cuidado como também com arte, utilizando procedimentos literários conhecidos pelos escritores da época.

A grande inclusão (1,1-15,39)

A inclusão é um procedimento literário conhecido, tanto profano como bíblico. Consiste em abrir e concluir um parágrafo, um capítulo ou até mesmo uma obra inteira utilizando os mesmos termos.

No primeiro versículo, Marcos indica ao leitor o objetivo de sua obra: vai lhe falar de um homem, Jesus de Nazaré, que proclama como Cristo e Filho de Deus, e, ao fazê-lo, espera conduzi-lo à mesma profissão de fé: "Começo do Evangelho de Jesus Cristo, Filho de Deus" (1,1).

E, no final do relato, Marcos evoca um acontecimento que poderia parecer anódino ao leitor desavisado. O evangelista explica que um centurião, um pagão, vendo que Jesus acabava de expirar, exclamou: "Verdadeiramente, este homem era Filho de Deus!" (15,39). Mas de fato o leitor atento não pode deixar de se lembrar de que foram esses termos que abriram a narrativa. Desse modo, o texto inteiro se encontra acondicionado nessa confissão de fé, a do evangelista (1,1) e a do centurião (15,39).

Acrescente-se que Marcos até aperfeiçoou esse procedimento de inclusão para ajudar o leitor a não perder de vista a mensagem que ele quer transmitir. No meio do relato, evoca como que uma sondagem realizada por Jesus entre seus apóstolos sobre sua identidade: "E vós quem dizeis que eu sou?". Pedro responde imediatamente: "És o Cristo!" (8,29). O apóstolo não se enganou quanto ao título, mas não foi capaz de perceber o que ele implica. A continuação do relato encarrega-se de mostrá-lo. O leitor talvez não esteja longe de compartilhar essa incompreensão. Resta-lhe seguir passo a passo, com Pedro e os apóstolos, os acontecimentos que virão.

Os relatos chamados de "sanduíche"

Marcos utiliza outro procedimento literário, que lhe é próprio, o qual consiste em intercalar no interior de um relato outro relato. O melhor exemplo é o relato da cura de uma hemorroíssa e o da ressurreição da filha de Jairo (5,21-43). Marcos inicia o episódio mencionando o pedido de Jairo a Jesus para que imponha as mãos em sua filha para curá-la (v. 21-24). Depois, interrompendo o relato, descreve o procedimento de fé de uma mulher doente que rompe a multidão para tocar nem que seja a roupa de Jesus a fim de obter a cura esperada (v. 25-34). E ele volta aos personagens do início: Jairo e sua filha, que nesse ínterim morreu (v. 35-43). Mateus (Mt 9,18-26) e Lucas (Lc 8,40-56), que apresentam o mesmo encadeamento, não fazem mais do que acompanhar o texto de Marcos. Outra ocorrência desta intercalação pode ser lida em Marcos 6,7-31: o evangelista conta o envio dos Doze em missão (v. 7-13) e só menciona sua volta nos versículos 30-31. Nesse ínterim (v. 14-29), ele fala de Herodes Antipas, de seu questionamento sobre Jesus e da execução de João Batista.

Dos diversos agrupamentos

Das controvérsias

Por mais de um capítulo (2,1–3,6), Marcos evoca cinco controvérsias, e isso com contestatários bem identificados. São em primeiro lugar os escribas, que por ocasião da cura do paralítico não conseguem aceitar a palavra de Jesus: "Teus pecados estão perdoados", pois a seus olhos "quem pode perdoar os pecados, a não ser Deus?" (2,1-12). São ainda eles, os escribas, que se chocam ao ver Jesus à mesa com os publicanos e os pecadores: "Por que é que ele [Jesus] come e bebe junto com os cobradores de impostos e pecadores?" (2,15-17). O parágrafo seguinte, que evoca uma questão sobre a ausência de jejum dos discípulos: "Por que é que os discípulos de João e os discípulos dos fariseus jejuam, e os teus não?" (2,18-22), não identifica os oponentes. As duas contestações seguintes são novamente personalizadas, emanam dos fariseus. Eles não admitem ver os discípulos fazerem no dia de sábado o que "não é permitido"; de fato, eles estavam colhendo espigas (2,23-28). E mais inaceitável ainda para eles é Jesus curar um homem com a mão seca num dia de sábado. Veem nisso uma verdadeira provocação, a ponto de se reunirem com os herodianos com o fim de "lhe tirar a vida" (3,1-6).

Enquanto essa série de controvérsias situa-se geograficamente na Galileia, uma segunda série (11,27–12,34) tem como cenário Jerusalém e os contestatários não são os mesmos. Primeiro, os chefes dos sacerdotes, os escribas e os anciãos, ou seja, os notáveis religiosos, que contestam a autoridade de Jesus: "Com que autoridade fazes estas coisas? Ou quem te deu autorização para fazeres estas coisas?" (11,27-33). Em segundo lugar são alguns dos fariseus e dos herodianos que perfidamente interrogam Jesus sobre uma questão de imposto: "É ou não é lícito pagar imposto a César? Devemos pagar ou não pagar?" (12,13-17). Vêm em seguida alguns saduceus, dessas pessoas que "ensinam que não há ressurreição", que, evocando a história de uma mulher que se casou sucessivamente com sete irmãos, em plena conformidade com a lei de Moisés, tentam justificar-se e causar embaraço a Jesus: "Na ressurreição, quando ressuscitarem, de qual deles será a mulher?" (12,18-27). Finalmente um escriba, um especialista em lei, autoriza-se a interrogar Jesus sobre as Escrituras: "Qual é o primeiro de todos os mandamentos?" (12,28-34).

Ao longo de todas as discussões, mesmo polêmicas, com diversos intervenientes de maior ou menor boa-fé, é dado todo um ensinamento de Jesus e sobre Jesus.

Dos sumários

Ao longo dos seis primeiros capítulos, em boa parte correspondendo ao ministério galileu, Marcos faz recapitulações ou generalizações bastante amplificadas da atividade de Jesus, dando a entender que os milagres e exorcismos e o ensinamento que ele relata são de certo modo apenas "trechos selecionados".

O primeiro sumário encerra a passagem de Jesus por Cafarnaum, ao longo da qual ensinou na sinagoga, expulsou um espírito impuro e curou a sogra de Pedro:

> Caindo a tarde, já depois do pôr do sol, trouxeram para junto dele todos os doentes e possessos: toda a população estava reunida na entrada da cidade. Ele curou muitos doentes, sofrendo de diversas enfermidades, e expulsou muitos demônios. Mas não permitia que os demônios falassem, porque sabiam quem era ele (1,32-34).

A característica desse sumário é clara. É a amplificação: "Todos [...], toda a população [...], muitos". Note-se, no entanto, que a atividade de ensino não é mencionada. Ela o será quatro versículos depois: "E saiu pregando pelas sinagogas, em toda a Galileia, e expulsava os demônios" (1,39).

Um pouco adiante, lembrando as numerosas curas e os múltiplos exorcismos operados por Jesus, Marcos dá precisões geográficas: "E seguiu-o uma grande multidão vinda da Galileia; e também da Judeia, de Jerusalém, da Idumeia, da Transjordânia, das regiões de Tiro e Sídon; uma multidão imensa, que tinha ouvido falar do que ele fazia, foi até ele" (3,7-8).

O capítulo 4, relatando umas cinco parábolas, antes de evocar o milagre da tempestade acalmada, chega a esta conclusão: "Era por meio de muitas parábolas desse tipo que lhes anunciava a palavra, conforme a compreensão dos ouvintes. Não lhes falava sem parábolas, mas em particular explicava tudo a seus discípulos" (4,33-34).

Finalmente, depois do relato da primeira multiplicação dos pães (6,30-44) e da caminhada de Jesus sobre as águas (6,45-52), quando Jesus desembarcou em Genesaré, Marcos conta que

> os que logo reconheceram Jesus percorreram toda essa região e começaram a levar-lhe os doentes em padiolas [...]. Em toda parte aonde chegava, povoados, cidades ou campos, traziam os enfermos às praças e estes suplicavam que lhes deixasse tocar pelo menos na franja de seu manto. E todos os que a tocavam ficavam curados (6,54-56).

Das parábolas

Em comparação com Mateus e Lucas, Marcos conta poucas parábolas, oito no total, e, com exceção da parábola dos viticultores homicidas (12,1-12), um tanto deslocada num contexto de controvérsias, ele as reuniu em duas partes de seu relato. O primeiro grupo situa esse ensinamento na Galileia: são as parábolas do semeador com sua explicação (4,1-9.13-20), da lâmpada (4,21-23), da medida (4,24-25), da semente que cresce sozinha (4,26-29) e do grão de mostarda (4,30-32). O segundo grupo conclui o discurso escatológico pronunciado em Jerusalém: parábola da figueira (13,28-31) e do porteiro (13,33-37).

Um relato contínuo, o relato da Paixão (14,1-15,47)

Depois de mencionar a atmosfera particularmente pesada que antecede o drama: unção de Betânia, anúncio da traição de Judas e da negação de Pedro, assim como a última ceia de Jesus com seus discípulos (14,1-31), Marcos acompanha passo a passo o desenrolar da Paixão: prisão de Jesus no jardim do Getsêmani (14,32-52), comparecimento diante do Sinédrio (14,53-72), depois diante de Pilatos (15,1-20), finalmente a morte de Jesus na cruz e seu sepultamento (15,21-47). Nestes dois capítulos, espécie de descrição, Marcos só tem uma preocupação, ou seja, a de tornar seu leitor testemunha do que Jesus viveu e sobretudo de como o viveu.

4
O reino de Deus
Tema 1

Enquanto João Batista proclama "um batismo de conversão para a remissão dos pecados" (1,4), em razão daquele que virá depois dele e que "é mais forte do que [ele]" (1,7), Jesus também chama à conversão, mas em razão de uma Boa-nova, que não é outra senão a proximidade do Reino de Deus: "Completou-se o tempo. Chegou o Reino de Deus. Convertei-vos e crede no Evangelho" (1,15). Segundo Marcos, nesta tomada de palavra inicial Jesus revela o tema essencial da Boa-nova que ele traz: a proximidade, até mesmo a presença, do Reino de Deus.

Reino ou Reinado?

Será de fato a mesma realidade? Podemos falar indiferentemente de Reino ou Reinado? As traduções brasileiras parecem preferir "Reino". Na oração do pai-nosso, não se diz: "Venha a nós o vosso Reinado".

O grego, língua original de nossos evangelhos, só conhece o termo *basileia* para expressar ambos. O mesmo vale para a raiz hebraica com Mlk. Mas em português (assim como em francês, inglês, alemão), os dois termos não se equivalem. O termo "reino" designa uma nação, incluindo seu povo e seu território, regida por um rei ou autoridade equivalente (por exemplo, "Reino franco", "Reino da Dinamarca"). O termo "reinado" designa o exercício do poder real ou simplesmente de um poder (por exemplo, "o reinado de Luís XIV"). Ou seja, o reino é entendido principalmente no plano espacial, o reinado no plano temporal e – continuemos – a realeza (mesma raiz grega e hebraica) como forma de governo.

No português, no entanto, o termo Reino com frequência engloba os dois sentidos. Portanto, em Marcos, assim como nos outros evangelhos, o mais adequado é utilizar a expressão "Reino", a não ser nos casos em que se trata clara e especificamente de "Reinado".

O Reino de Deus, uma noção herdada

Marcos só conhece uma expressão, a *Basileia* de Deus, sempre posta na boca de Jesus, salvo em Marcos 15,43, onde está dito que José de Arimateia "esperava a *Basileia* de Deus".

Quando Jesus anuncia a seus compatriotas a Boa-nova da proximidade, até mesmo da presença do Reino de Deus, ele não lhes fala de algo desconhecido. Ao contrário, preenche uma espera quase febril, espera esta que se forjou e até variou ao longo de toda a história do povo judeu.

A noção de "Senhor-Rei" e de "Reino de Deus" no Antigo Testamento é muito antiga, mas não é fácil determinar a época exata de seu surgimento, assim como as circunstâncias que a fizeram surgir.

Vejamos alguns elementos que contribuíram para isso

De início, houve a saída do Egito segundo o livro do Êxodo: "O Senhor reina eternamente e para sempre!" é canto de Moisés depois da saída do Egito (Ex 15,18). Em seguida, vem a noção de eleição: "Porque tu és um povo consagrado ao Senhor, teu Deus. A ti é que o Senhor, teu Deus, escolheu para te tornares seu povo particular, dentre todos os povos que existem sobre a face da terra" (Dt 7,6).

O estabelecimento da Realeza davídica evidentemente consolidou essa espera. De fato, fica claro que Davi, enquanto rei, é apenas o lugar-tenente (tenente do lugar) do Senhor. E segundo a profecia de Natan: "A tua casa e a tua realeza durarão para sempre diante de mim, o teu trono será inabalável para sempre" (2Sm 7,16).

Cinco séculos depois, o exílio na Babilônia aprofundou essa espera.

Enfim, na volta do exílio, por um lado a realeza não podendo se restabelecer, por outro a opressão-ocupação persa, grega e depois romana incitando Israel a só depender de seu Senhor, a esperança se traduz pela espera de um Messias davídico.

Ecos bíblicos

Essa espera tem ecos bíblicos nos Salmos e entre os profetas. Vamos citar alguns exemplos:

• SALMOS

— Salmos 5,2-3; 44,5; 68,25; 84,4: "Meu Rei e meu Deus".
— Salmo 95,3-4: "O Senhor é um Deus imenso, um grande Rei, maior que os deuses todos […]", é o Rei de toda a terra (Deus: Rei-criador).

- Salmo 74,12: "Ó Deus, nosso rei desde tempos antigos, tantas vezes salvaste este teu povo" (Deus: Rei-salvador).
- Salmos chamados "do Reino": sobre o universo (Sl 93), sobre Israel (Sl 99), sobre Israel e todos os povos (Sl 47; 97).

• Profetas
- Isaías 6,5: "Meus olhos viram o Rei, o Senhor Sabaot".
- Isaías 43,15: "Sou o Senhor, vosso Santo, o criador de Israel, vosso rei!"; cf. também: 44,6; 52,7.
- Ezequiel 20,33: "Por minha vida, oráculo do Senhor, juro que dominarei sobre vós com mão forte, braço estendido e ira desenfreada".
- Sofonias 3,15: "O Senhor é Rei de Israel em teu seio".

Realeza escatológica

Essas referências repercutem vicissitudes históricas: com a morte de Salomão (em 930 a.C.), divisão do Reino davídico em dois países, Israel ao Norte e Judá ao Sul; aniquilamento desses dois países, de Israel (em 721 a.C.) e depois de Judá (587 a.C.); cativeiro na Babilônia e dominações sucessivas, persa, grega e romana. A espera de um messias davídico restaurador do Reino estava no clímax na época de Jesus. E essa intervenção divina tão esperada era entendida como julgamento: "Ele vem para julgar a terra, julgará o mundo com justiça e os povos em sua verdade" (Sl 96,13; cf. Sl 98,9).

"O Reino de Deus está próximo" (1,15)

Após a menção à morte de João Batista (1,14) – voltará a ela adiante e detalhadamente (6,17-29) –, Marcos recorre uma segunda vez ao termo "Evangelho". Em Marcos 1,1, é ele mesmo que anuncia o "Evangelho de Jesus Cristo", do qual falará a seu leitor. Em Marcos 1,14, é Jesus quem "proclama o Evangelho de Deus". Conhecida por Paulo, a expressão "Evangelho de Deus" só é utilizada nos evangelhos por Marcos e só nessa passagem; em seguida, ele usa a palavra Evangelho de maneira absoluta. Esses dois termos se completam: o "Evangelho de Deus" é a Boa-nova da salvação de Deus que se realiza na pessoa de Jesus.

De fato, "completou-se o tempo". A conjugação do verbo grego no perfeito indica que o acontecimento já passou, mas que os efeitos perduram. Na pessoa de Jesus realiza-se, cumpre-se a promessa do Reino de Deus, promessa que ressoou ao longo de todo o Antigo Testamento. "Chegou o Reino de Deus." Também aqui o verbo grego é conjugado no perfeito e significa não só que o Reino de Deus chegou, mas também que permanece. Todavia, a expressão "chegou" não indica verdadeiramente sua presença efetiva; ele simplesmente chegou. Entretanto, um pouco adiante no evangelho a questão torna-se "acolher" o Reino de Deus (10,15) ou ainda "entrar" no Reino de Deus (10,23-25). Em Marcos, assim como em Mateus e em Lucas, o ministério de Jesus, com sua pregação, suas curas e seus exorcismos, afirma a própria presença do Reino de Deus, presença chamada a se expandir plenamente no fim dos tempos.

Assim se entende o apelo de Jesus à conversão: "Convertei-vos", e o convite a acolher a Boa-nova: "Crede no Evangelho". João Batista já havia convidado seus compatriotas ao "batismo de conversão para a remissão dos pecados" (1,4). Para ele, tratava-se de prepará-los para uma segunda conversão: a acolhida do enviado de Deus, Jesus, e da Boa-nova da salvação que ele anuncia como estando ao alcance da mão, desde que aceitem as condições requeridas.

As parábolas do Reino (4,26-32)

Com exceção do relato da tempestade acalmada (4,35-41), o capítulo 4 de São Marcos é dedicado ao ensinamento de Jesus por parábolas: parábolas do semeador com sua aplicação, da lâmpada, da medida (4,1-25), e está explicado que é o meio escolhido por Jesus para ensinar "o mistério do Reino" (4,11). As duas últimas parábolas, a da semente que cresce sozinha (4,26-29) e a do grão de mostarda (4,30-32), recorrem à comparação: "Acontece com o Reino de Deus como [...]" (4,26), "Com que vamos comparar o Reino de Deus [...]?" (4,30). O que podem nos revelar essas duas breves comparações sobre o Reino?

Embora construídas de acordo com um mesmo modelo e utilizando a mesma imagem — ou seja, o destino de um grão lançado na terra —, a ponto de podermos falar em parábolas gêmeas, a questão central de cada uma não é exatamente a mesma.

A parábola da semente que cresce sozinha (4,26-29), própria do evangelho de Marcos, convida a considerar o dinamismo da semente: "Ela germina e cresce [...]; produz primeiro a planta, depois a espiga, e por fim a espiga carregada de trigo", e isso quer o homem que semeia "durma, quer esteja de pé", e sem que ele saiba como. E logo que o trigo amadurece chega o tempo da colheita e passa-se a foice. Essa imagem da colheita é conhecida do Antigo Testamento, em particular do profeta Joel, para evocar a última intervenção de Deus no fim dos tempos, ou seja, a instauração definitiva do Reino de Deus: "Lançai a foice, porque a colheita está madura" (Jl 4,13). Ora, acaso não está dito na explicação que o que o semeador semeia "é a palavra" (4,14)? Então o sentido da parábola se esclarece. A Palavra, a Boa-nova da salvação, ou seja, a chegada do Reino de Deus proclamada por

Jesus (1,15), só pode crescer, dar frutos, e isso é obra de Deus. Mas, sendo assim, o Reino de Deus não só está próximo, ele já chegou, está em pleno crescimento.

A segunda parábola, a do grão de mostarda (4,30-32), presente em Mateus e em Lucas, com certeza também evoca o dinamismo da semente que, lembremos, não é senão a Palavra. Mas, ao que parece, ela acrescenta um elemento: o do contraste entre a insignificância da semente, o grão de mostarda tendo a reputação de ser a menor das sementes, e o espantoso resultado de seu crescimento: "Torna-se maior que todos os arbustos" (4,32). E, para enfatizar essa diferença entre "a menor de todas as sementes" e a planta "maior do que todos os arbustos", a parábola prossegue evocando os grandes ramos dessa planta capaz de abrigar as aves do céu, evocação certamente inspirada numa passagem do profeta Ezequiel (Ez 17,22-23). A ênfase aqui, portanto, recai na desproporção entre a humildade do início do Reino de Deus e a espantosa expansão à qual ele está destinado. Mas também aqui, sem o dizer explicitamente, a parábola já supõe presente a efetiva presença do Reino de Deus.

Para herdar o Reino de Deus

O Reino de Deus estando não apenas próximo (1,15) mas já presente, pelo menos em devir (4,26-29.30-32), a maneira de se beneficiar dele não pode deixar de se estabelecer. Num bloco que reúne os diversos ensinamentos de Jesus (9,38–10,31), Marcos evoca alguns meios sugeridos pelo próprio Jesus.

O primeiro conselho dado, presente em Mateus, é o de tomar todas as precauções necessárias, sob pena de precisar amputar uma mão, um pé ou arrancar um olho para "entrar na vida [eterna] [...], no Reino de Deus" (9,42-48). Tudo indica que aqui essas duas expressões, "vida (eterna)" e "Reino de Deus", têm uma carga escatológica.

Um segundo conselho, conhecido por Mateus e por Lucas, é o de acolher o Reino de Deus como uma criança, para poder entrar nele (10,13-16). De fato, a criança não é mais do que espera e confiança nos pais, sabendo-se amada por eles. É com essa confiança amorosa que a pessoa é convidada a acolher o Reino, como um dom gracioso de Deus. Mas às vezes propõe-se uma outra leitura. De fato, o texto opõe a atitude de Jesus, que acolhe as crianças, à dos discípulos, que as admoestam. Assim, poderia entrar no Reino de Deus quem acolhe as crianças – ou toda pessoa que lhes possa ser assimilada – a exemplo e à maneira de Jesus.

O terceiro conselho, também trazido por Mateus e Lucas, diz respeito ao perigo das riquezas, e mais geralmente à dificuldade – simplesmente – de entrar no Reino de Deus (10,23-27). Este necessário desprendimento dos bens deste mundo para herdar a vida (eterna) já foi evocado: "Pois o que adianta ao homem ganhar o mundo e perder [...] a própria vida [eterna]?" (8,36). Mas, em nossa passagem, esta dificuldade é sublinhada pela evocação do camelo que não pode passar pelo buraco de uma agulha. Ela se torna tão insuperável para os ouvintes que chega ao impossível: "Mas, então, quem pode se salvar?", ou seja, "quem pode herdar o Reino de Deus?" – "Isto é impossível aos homens, mas não a Deus!" (10,27), responde Jesus. Ou seja, o Reino de Deus não é entendido como uma aquisição, por mais que seja merecida, mas antes de tudo como um dom de Deus a quem assume a disposição necessária para o acolher.

Um pouco adiante no evangelho, dois exemplos, personificados, completam esses conselhos. Primeiro é um escriba que, confessando que seu ideal de vida se resume à observância do duplo mandamento de amor a Deus e ao próximo, ouve de Jesus: "Não estás longe do Reino de Deus!" (12,28-34). Finalmente é um notável membro do Sinédrio, José de Arimateia, que tem a coragem de pedir a Pilatos o corpo de Jesus para sepultá-lo e depô-lo no sepulcro. Esse procedimento de tal personagem seria surpreendente, até mesmo incompreensível, se não estivesse explicado que ele "esperava o Reino de Deus" (15,43).

O advento do Reino?

A última palavra de Jesus a seus discípulos por ocasião da última refeição feita com eles deixa claramente entender um intervalo, não definido, até o advento definitivo do Reino: "Não beberei mais deste fruto da videira até o dia em que eu beber o vinho novo no Reino de Deus" (14,25).

Mas qual pode ser a duração desse intervalo? Outra palavra de Jesus traz uma resposta. Depois de explicar à multidão e a seus discípulos as condições necessárias para segui-lo, Jesus acrescenta: "Alguns daqueles que se encontram aqui não provarão a morte antes de terem visto o Reino de Deus vindo com poder" (9,1).

Será que essa palavra não determinava um prazo para o advento do Reino? Tudo indica que Marcos recolheu essa palavra de Jesus junto a seus discípulos, que, impacientes por verem chegar esse momento, a teriam modificado de acordo com o seu entendimento (cf. 13,30).

A presença de Jesus no mundo é a Boa-nova da inauguração do Reino de Deus. Não só ele está próximo como já chegou, tal como o grão de mostarda (4,30-32), prometido a uma expansão inesperada dentro de prazos que só pertencem ao Pai (13,32). Também é urgente acolhê-lo (10,15) ou entrar nele (10,23-25) e seguir os conselhos dados por Jesus (9,42-48; 10,13-15.23-27) para herdá-lo plenamente, o que supõe previamente a conversão (1,15).

5

Jesus, Cristo, Filho de Deus, Filho do homem
Tema 2

Em suas primeiras palavras, Marcos revela sua intenção para o leitor: vai falar de um homem chamado Jesus, que ele, Marcos, declara ser Cristo e Filho de Deus. E, assim procedendo, espera fazê-lo compartilhar esta fé em companhia do apóstolo Pedro, que soube responder à pergunta de Jesus: "E vós quem dizeis que eu sou?" – "És o Cristo" (8,29), assim como seguindo o centurião romano, que vendo Jesus expirar na cruz, exclama: "Verdadeiramente, este homem era Filho de Deus!" (15,39). Outro título, por si só mais frequente do que os dois primeiros, mas também mais enigmático, utilizado apenas por Jesus para falar de si mesmo, o "Filho do homem", confirma os dois primeiros.

O homem Jesus

Marcos mostra-se muito parcimonioso no que se refere à humanidade de Jesus. Ele o faz aparecer de repente nas margens do Jordão, vindo de Nazaré, sua pátria, para receber o batismo de João (1,9). Nada diz de seu nascimento e de sua infância, cuidado que têm Mateus e Lucas. Sua família é pouco mencionada e não necessariamente em seu favor (3,20-21.31-35). Com exceção dos Doze, dos discípulos que o seguem e talvez das mulheres presentes no Calvário (15,40-41), nenhuma relação amigável é apontada, contrariando Lucas ou João.

Além disso, Marcos preocupa-se muito pouco em evocar os sentimentos de Jesus. No máximo mostra-o "cheio de compaixão" diante de um leproso que de joelhos lhe pede sua cura (1,40-41) ou tendo "compaixão" e "pena" ao ver a multidão que não tem o que comer (6,34; 8,2) ou ainda diante da súplica insistente do cego de Jericó (10,46-52). Uma única vez ele menciona um movimento de cólera diante da atitude dos fariseus que tentavam repreendê-lo por não respeitar o sábado (3,5). A cena dos vendedores expulsos do Templo insinua certa violência por parte de Jesus, porém Marcos evita evocar qualquer sentimento (11,15-19). Enfim, ele destaca o pavor, o tédio e a profunda tristeza de Jesus chegando ao Getsêmani (14,33-34).

Quanto ao ministério de Jesus, além das muitas curas e dos muitos exorcismos que não deixa de mencionar, Marcos apresenta-o essencialmente sob o aspecto do ensinamento (*didakhê*). Jesus ensina na sinagoga de Cafarnaum (1,21-22) e de Nazaré (6,2), à margem do lago de Tiberíades (2,13; 4,1-2; 6,34), na região da Judeia (10,1) e até mesmo no Templo (12,35; 14,49). Na maior parte do tempo, ele se dirige à multidão admirada com sua autoridade (1,22.27), até mesmo entusiasmada (11,18). Mas reserva apenas aos apóstolos o anúncio de sua Paixão (8,31; 9,31; 10,33). As multidões que o seguem e desfrutam sua instrução vêm nele um profeta (*prophetés*), um enviado de Deus encarregado de transmitir uma mensagem divina sucedendo João Batista (6,15; 8,28). O próprio Jesus, embora indiretamente, qualifica-se desse modo anunciando assim a rejeição que padecerá, sorte frequente dos antigos profetas (6,4). E é exatamente com essa interpelação: "Profetiza!" (14,65), que testemunhas do julgamento no Sinédrio zombam dele. Sem dúvida, é a autoridade que ele prova em seu ensinamento que lhe vale receber o título honorífico de *Rabbi*, reservado aos escribas. Pedro lhe dá esse título duas vezes (9,5; 11,21); é com esse título que o cego de Jericó implora sua cura (10,51); até mesmo Judas, antes de lhe dar o beijo da traição, saúda-o dessa maneira (14,45). Outra denominação de sentido idêntico, a de Mestre (*didaskalos*), lhe é dada pelo homem rico que indaga o que é preciso "fazer para conseguir a vida eterna" (10,17-20) e por fariseus e herodianos que querem fazê-lo cair numa cilada com a pergunta do imposto devido a César (12,14). Um último termo, Senhor (*kyrios*), expressa a deferência da siro-fenícia para com Jesus (7,28) ou é utilizado pelo próprio Jesus para designar-se como homem (5,19; 11,3). Acrescentemos, no entanto, que nos últimos versículos do evangelho – versículos que suscitam um problema de autenticidade de Marcos –, em que em duas ocorrências o título Senhor é atribuído a Jesus ressuscitado, este título só se pode compreender no sentido divino: o Senhor Jesus (16,19-20).

Jesus, o Cristo

Historicamente, o título de Cristo atribuído a Jesus não aparece com o primeiro evangelho escrito. Em suas cartas, Paulo empregou-o amplamente uma dezena de anos antes. É assim, por exemplo, que a carta aos Romanos, escrita por volta de 56/57, conta com não menos de 65 ocorrências. Em comparação, Marcos é muito modesto, apresentando apenas 7 ocorrências.

Guardadas as devidas proporções, a mesma coisa acontece nos três outros evangelhos: 17 em Mateus, 12 em Lucas e 19 em João.

Dito isso, no segundo evangelho diversas bocas proclamam a messianidade de Jesus – é o que significa o termo Cristo. Em primeiro lugar, e magistralmente, o próprio Marcos pretende oferecer a seu leitor a Boa-nova de Jesus, que ele declara ser Cristo-Messias (1,1). Em seguida, é o apóstolo Pedro, como líder, que responde a Jesus que interroga o grupo apostólico sobre sua identidade: "És o Cristo" (8,29). Depois, são os chefes dos sacerdotes e os escribas que por zombaria o insultam: "Que o Messias, o rei de Israel, desça agora da cruz para que vejamos e creiamos" (15,32). Finalmente, e nem por isso menos importante, Jesus confere a si mesmo este título (9,41; 12,35), e sobretudo se reconhece como tal diante do sumo sacerdote: "'És tu o Cristo, o Filho do Bendito?'. Jesus respondeu: 'Eu sou!'" (14,61-62).

O sentido da palavra Cristo

Mas o que significa este título? Cristo vem da palavra latina Christus, que é a transcrição – e não a tradução – do termo grego Khristós, do verbo Khrio, que significa "ungir". Assim, Cristo é aquele que recebeu a unção, o que Jesus diz de si mesmo, segundo Lucas, na sinagoga de Nazaré, reproduzindo uma passagem de Isaías: "O espírito do Senhor está sobre mim porque ele me consagrou pela unção (Khrio)" (Lc 4,18, citação de Is 61,1). No Antigo Testamento, a unção era um dos ritos solenes de entronização do sumo sacerdote e do rei. Ora, em língua hebraica, o que recebeu a unção leva o nome de mashiah, do verbo mashah: ungir. A Septuaginta e a Vulgata transcreveram esse termo como messias. Assim, Cristo e Messias designam a mesma pessoa, Jesus. Observemos, de passagem, que o termo Messias só aparece duas vezes em todo o Novo Testamento (Jo 1,41; 4,25), mas é o substantivo messianidade que prevaleceu para evocar o *status* daquele que recebeu a unção.

O uso do termo no Antigo Testamento

Resta um ponto a ser resolvido: o significado correto do termo Cristo atribuído a Jesus. Tudo começa praticamente com Davi e Salomão, ou seja, com o estabelecimento da realeza em Israel por volta do século X a.C. Por ocasião de sua entronização, o rei Davi recebe a unção; é ungido, é messias, chefe dado por Deus a seu povo. A despeito da profecia de Natan: "Eu manterei depois de ti um descendente teu, saído de tuas entranhas [...], e firmarei o seu trono real para sempre [...]. A tua casa e a tua realeza durarão para sempre diante de mim" (2Sm 7,12-16), na verdade os sucessores de Davi muitas vezes faltaram à sua missão. Então Israel esperou um novo ungido-messias, como Davi, que continuava sendo a referência. Depois da volta do exílio da Babilônia (séculos VI-V a.C.), a esperança messiânica de Israel vai evoluir e ao mesmo tempo tornar-se mais complexa, sobretudo nos últimos séculos antes de Jesus. Por um lado, essa esperança torna-se indeterminada no tempo. Por outro – e os documentos de Qumran o certificam –, seria o messias esperado da linhagem real davídica, portanto libertador político, devolvendo a Israel seu esplendor de antes (cf. Lc 24,21), ou de origem aarônica, portanto um messias sacerdotal, sendo o sumo sacerdote também ele um ungido?

Sentido do termo no evangelho de Marcos

Quando Pedro declara a messianidade de Jesus: "És o Cristo" (8,29), mas ao mesmo tempo recusa categoricamente o destino que seu mestre conhecerá, ou seja, a cruz, é imediatamente admoestado por Jesus (8,33). Ele é de fato o ungido pelo Senhor, da descendência de Davi, como o cego de Jericó o reconhece duas vezes: "Filho de Davi, Jesus, tem piedade de mim!" (10,47-48), assim como o próprio Jesus (12,35); ele é de fato o Messias, o que ele confirma diante do sumo sacerdote (14,61-62), ou ainda, com o mesmo significado, o "Rei de Israel", segundo a zombaria dos chefes dos sacerdotes e dos escribas (15,32). Mas sua messianidade ou sua realeza não é entendida conforme as expectativas inteiramente humanas de um reino terreno; ela se realiza no espírito de serviço e do dom da vida para os irmãos (cf. 10,45).

Jesus, Filho de Deus

Tal como o título de Cristo, o de Filho de Deus aparece na confissão de fé de Marcos já no primeiro versículo de seu evangelho: "Evangelho de Jesus Cristo, Filho de Deus" (1,1). Quase como conclusão, o evangelista empenha-se em acrescentar outra confissão de fé, a do centurião romano, que ao ver Jesus expirar na cruz exclama: "Verdadeiramente, este homem era Filho de Deus!" (15,39). Além disso, por duas vezes, por ocasião do batismo (1,11) e no decurso da Transfiguração (9,7), uma intervenção divina designa Jesus como Filho. Depois, ao longo do relato evangélico, espíritos impuros o interpelam do seguinte modo: "O Santo de Deus" (1,24), "o Filho de Deus" (3,11), "Filho do Deus Altíssimo" (5,7). Interrogando Jesus, o sumo sacerdote lhe pergunta se ele é "o Filho do Bendito" (14,61), ou seja, de Deus, pois segundo o costume judeu ele recusa-se a pronunciar o nome de Deus. Finalmente, o próprio Jesus, em seu ensinamento sobre o fim dos tempos, qualifica-se de Filho (13,32).

O emprego da designação "filho de Deus" no Antigo Testamento

Por um lado, o título "filho de Deus", ou no mais das vezes "filho", atribuído a Deus dirigindo-se a alguém ou a um grupo não é frequente no Antigo Testamento e, por outro, não pode de modo nenhum ser entendido no sentido restrito da filiação. Sublinha apenas uma relação de atenção, de intimidade ou de confiança entre Deus e sua(s) criatura(s). Assim, este título é dado:

- aos anjos que constituem a corte celeste (Jó 1,6; 2,1; 38,7);
- ao povo de Israel: "Assim diz o Senhor: 'Israel é meu filho primogênito'" (Ex 4,22; cf. também Dt 14,1; Os 11,1);
- ao rei: "Eu serei para ele um pai, e ele será para mim um filho" (2Sm 7,14), palavra do profeta Natan dirigida, por parte de Deus, ao rei Davi e referindo-se à sua descendência. Esta profecia, assim como o versículo 7 do Salmo 2: 'Ele me disse: 'És meu filho, foi hoje que eu te gerei'", serão compreendidas na tradição judaica e cristã como um anúncio do Messias;
- ao homem justo: "Se o justo for filho de Deus, Deus o defenderá" (Sb 2,18).

Dessa lista sucinta, conclui-se que no Antigo Testamento o título "filho de Deus" não é reservado a uma pessoa em particular, uma vez que pode até designar o povo de Israel, e não suscita confusão. Todavia, a declaração de Natan (2Sm 7,14) e a palavra do salmo (Sl 2,7) têm a condição particular de anúncio messiânico.

Jesus, Filho no evangelho de Marcos

As duas palavras em Marcos 1,11 e 9,7 declarando a qualidade divina de Jesus como Filho de Deus, quase idênticas pelo menos aparentemente, não trazem a mesma mensagem.

Por ocasião do batismo no Jordão, a palavra: "Tu és meu Filho bem-amado! Em ti está meu pleno agrado" (1,11) provém de uma voz que veio do céu. Na ausência de testemunha, dirige-se unicamente a Jesus, que fortalecido em Espírito depois dos quarenta dias de tentação no deserto vai proclamar na Galileia a proximidade do Reino (1,14-15). Ora, a frase da voz celeste resulta de três passagens do Antigo Testamento: "Tu és meu Filho" é extraído do Salmo 2,7, entendido no judaísmo em sentido messiânico; "bem-amado" lembra Isaac e mais exatamente quando de seu sacrifício (Gn 22,2.12.16); "em ti está meu pleno agrado" é um extrato do poema do servo sofredor (Is 42,1). Assim, já no batismo é revelada ao Filho sua missão de servo sofredor chamado a dar sua vida em sacrifício.

Na Transfiguração, a voz divina dirige-se não a Jesus, mas a Pedro, Tiago e João: "Este é o meu filho bem-amado. Escutai-o" (9,7). Se os dois primeiros termos dessa declaração são idênticos aos da primeira, o último dirige-se às três testemunhas da cena e, além delas, aos apóstolos. E deverão ouvir da parte do Filho o anúncio de sua paixão que se aproxima, que ele lhes fará em três ocasiões (8,31; 9,31; 10,33-34).

Filho e Pai

Três palavras de Jesus confirmam sua filiação. No discurso sobre o fim dos tempos, embora o Filho afirme não conhecer nem o dia nem a hora de sua realização, estando isso reservado ao Pai (13,32). Na oração de agonia, pedindo a Deus que se possível o poupe da provação da morte, dirige-se a ele quase familiarmente, como uma criança: "*Abba* (Papai), pai" (14,36). Marcos é o único evangelista a colocar essas palavras nos lábios de Jesus. Finalmente, interrogado pelo sumo sacerdote: "És tu o Cristo, o

Filho do Bendito?" (14,61), sem nenhuma tergiversação – o que não acontece no relato paralelo de Mateus e de Lucas –, Jesus responde: "Eu sou" (14,62).

Jesus, o Filho do homem

Paradoxalmente o título de "Filho do homem" dado a Jesus no evangelho de Marcos é por si só quase tão frequente quanto todos os outros títulos juntos, e ao mesmo tempo o mais complexo. Mas este fato não é exclusividade do segundo evangelho; a mesma coisa ocorre nos outros três e, curiosamente, das 86 ocorrências do Novo Testamento, contam-se apenas 4 fora dos evangelhos (At 7,56; Hb 2,6 citando o Sl 8,5; Ap 1,13; 14,14). Além disso, salvo apenas uma exceção (Jo 12,34), é sempre o próprio Jesus quem utiliza esta denominação para se designar ou falar de si mesmo. Qual pode ser o sentido disso?

O "Filho do homem" no Antigo Testamento

A expressão "Filho do homem" (ben ha'adam) pode ser entendida no sentido mais simples e corrente, ou seja, designa simplesmente o ser humano, ser vulnerável e destinado à morte: "E do homem tu [Deus] te lembras e com o filho do homem [Adam] te preocupas" (Sl 8,5). Por 94 vezes, no livro de Ezequiel o profeta ouve esta interpelação da parte de Deus: "Filho do homem [...]" (Ez 2,1.3.6.8 etc.), interpelação que define o *status* de Ezequiel enviado por Deus junto de seus irmãos em humanidade.

Mas com o livro de Daniel, escrito numa época de perseguição (fim do século II a.C.), o apelativo "Filho do homem" assume um sentido particular, que aliás vai evoluir. Um visionário anuncia um ser misterioso "como um Filho do homem", que da parte do Ancião (Deus) vai receber todo o poder para vencer os inimigos:

> Eu contemplava, nas visões noturnas. Eis: com as nuvens do céu veio algo como um Filho do homem. Ele chegou até o Ancião ao qual foi apresentado. Foi-lhe dado império, honra e realeza, e todos os povos, nações e línguas o serviram. Seu império é um império eterno que jamais passará, e o seu reino não será destruído (Dn 7,13-14).

Alguns versículos adiante, o mesmo poder é atribuído "aos santos do Altíssimo" (Dn 7,18). O Filho do homem poderia, portanto, evocar uma coletividade, mas também uma personalidade, e é esta última interpretação que prevaleceu no judaísmo, conforme mostram diversas passagens do livro pseudoepigráfico de Henoc, escrito mais ou menos na época de Jesus. Eles consideram o Filho do homem ao mesmo tempo um Salvador e um Juiz no fim dos séculos.

O "Filho do homem" no evangelho de Marcos

O sentido do título "Filho do homem" no evangelho de Marcos não é uniforme e deve ser entendido em função do contexto em que é empregado.

Quando por ocasião da cura do paralítico Jesus declara aos escribas escandalizados por o terem ouvido dizer ao doente: "Teus pecados estão perdoados": "O Filho do homem tem na terra o poder de perdoar os pecados" (2,5.10), ou quando afirma aos fariseus que se insurgem diante do não respeito ao sábado pelos discípulos: "O Filho do homem é senhor também do sábado" (2,28), é claro que com essa expressão ele tem a intenção de sublinhar sua autoridade muito particular. Uma autoridade já lhe é reconhecida em seu ensinamento (1,22) e por seus exorcismos (1,27); desta vez, trata-se de uma autoridade propriamente divina: perdoar os pecados, dispor da Torá.

Para anunciar ou falar de sua paixão, morte e ressurreição, Jesus emprega sistematicamente a expressão "o Filho do homem" para designar a si mesmo: "Ele começou a lhes ensinar que o Filho do homem deveria sofrer muito, ser rejeitado pelos anciãos, pelos chefes dos sacerdotes e escribas, ser entregue à morte, mas ressuscitar depois de três dias" (8,31).

Isso acontece oito vezes (9,9.12.31; 10,33.45; 14,21 [2 vezes]; 14,41). Esses anúncios insistentes do necessário sofrimento do Filho do homem, e mesmo de sua morte, adquirem sentido nesta declaração de Jesus: "O Filho do homem não veio para ser servido, mas para servir e dar a vida em resgate por muitos" (10,45).

Filho do homem glorificado em sua ressurreição, segundo a visão do profeta Daniel, ele o será depois de ter conhecido o destino do servo sofredor anunciado por Isaías (Is 52,13–53,12).

Três outras ocorrências da expressão "Filho do homem", sempre por parte de Jesus, anunciam seu retorno glorioso no fim dos tempos (8,38; 13,26-27; 14,62). Seu poder e sua glória serão então manifestados e seu papel será o de reunir os eleitos: "Então aparecerá o Filho do homem vindo nas nuvens com grande poder e majestade. Ele enviará os anjos para reunir os seus eleitos dos quatro cantos da terra, de uma extremidade à outra do mundo" (13,26-27).

Com os três títulos atribuídos a Jesus de Nazaré: "Cristo", "Filho de Deus" e "Filho do homem", cada um deles apresentado como o cumprimento dos anúncios do Antigo Testamento de uma última intervenção salvífica de Deus, Marcos dá conta de sua fé professada já no primeiro versículo de seu evangelho, na esperança de que a veja compartilhada por seu leitor. Para ele, o que importa é proclamar a Boa-nova.

6
A identidade de Jesus, um segredo que só se revela na cruz
Tema 3

Impressionado com o silêncio que Jesus impõe aos que confessam sua identidade, um exegeta alemão bem do início do século XX, William Wrede, pensou explicar essa atitude pelo que chamou de "segredo messiânico". De acordo com o segundo evangelho, Jesus nunca revelou sua qualidade messiânica durante seu ministério; só o fará indiretamente diante do sumo sacerdote, que preside ao Sinédrio: "És tu o Cristo, o Filho do Bendito?", é a pergunta. "Eu sou", responde Jesus (14,61-62). Ora, a fé da Igreja primitiva é formal: ela confessa em Jesus ressuscitado o Messias de Deus. Para explicar essa diferença, Wrede pensa que a comunidade cristã teria imaginado o artifício do "segredo messiânico" de que Marcos faz eco. Mas não haverá outra explicação para essa sistemática do silêncio?

Deve-se admitir que quanto à apresentação de Jesus o evangelho de Marcos é muito singular. Aos que proclamam sua messianidade (espíritos impuros, miraculados, até mesmo discípulos), Jesus impõe o silêncio. Em contrapartida, em muitas ocasiões ele repreende os discípulos por sua ininteligência. Mais espantoso ainda, quando ele revela o que o espera em Jerusalém, ou seja, sua paixão, é os apóstolos mostrarem total incompreensão.

O silêncio imposto

Com exceção do final do relato da Transfiguração, em que Marcos diz que Jesus proibiu às três testemunhas "contar o que viram, até que o Filho do homem ressuscitasse dos mortos" (9,9), todas as injunções de silêncio situam-se na primeira parte do evangelho, que se conclui com a célebre pergunta de Jesus a seus apóstolos: "E vós quem dizeis que eu sou?" (8,29).

Três categorias de pessoas são convidadas a se calar. Em primeiro lugar os espíritos impuros ou demônios, que supostamente têm um conhecimento sobrenatural. Na sinagoga de Cafarnaum, Jesus ensinou num dia de sábado, e todos os ouvintes se admiram com seu ensinamento, "porque ele ensinava como quem tem autoridade, e não como os escribas" (1,21-22). Surgiu então um homem "possesso de um espírito impuro" que gritou, dizendo: "'Que é que tens conosco, Jesus de Nazaré? Vieste para nossa perdição? Eu te conheço: tu és o Santo de Deus!'. Mas Jesus o repreendeu energicamente: 'Cala-te e sai deste homem!'" (1,23-25).

Alguns versículos adiante, num sumário sobre as múltiplas curas operadas nessa mesma cidade de Cafarnaum, Marcos observa que ele também expulsou muitos demônios e "não permitia que os demônios falassem, porque sabiam quem ele era" (1,34). Mais tarde, Marcos diz que Jesus é obrigado a ir ao largo do lago da Galileia para escapar da multidão de doentes que se precipitam na direção dele e dos espíritos impuros que, prostrando-se diante dele, gritam: "'Tu és o Filho de Deus.' Mas ele os repreendia severamente para que não o tornassem conhecido" (3,11-12). Por que essa insistência de Jesus que Marcos se compraz em relatar? Não é que essas declarações dos espíritos impuros estejam erradas, apenas são prematuras.

A mesma coisa ocorre com os beneficiários ou as testemunhas de milagres. O leproso curado vê-se repreendido e até repelido por Jesus com esta ordem: "Não fales nada a ninguém!" (1,44). Às testemunhas da volta à vida da filha de Jairo, ou seja, os parentes da menina e os apóstolos Pedro, Tiago e João, Jesus "recomendou com insistência que ninguém tivesse notícia do caso" (5,43). Quando Jesus teve o cuidado de se isolar da multidão para realizar a cura de um surdo-gago, Marcos diz que "Jesus recomendou que não dissessem nada a ninguém" (7,36). Ao ser curado, o cego de Betsaida não recebe ordem de se calar, mas Jesus lhe pede pelo menos discrição: "Não entres no povoado" (8,26). Novamente cabe a pergunta: por que afinal essa imposição de silêncio, que aliás não é respeitada nem pelo leproso curado (1,45) nem pelas testemunhas da cura do surdo-gago (7,36-37)? De fato, as curas, com exceção da cura do leproso, lembram o anúncio messiânico do profeta Isaías: "Então os olhos dos cegos se abrirão, os ouvidos dos surdos se desobstruirão, o coxo saltará como um cervídeo, e a língua do mudo gritará de alegria" (Is 35,5-6), assim como "teus mortos reviverão" (Is 26,19). Ademais, no evangelho de Mateus, Jesus recorre a esses anúncios proféticos para responder a João Batista, que manda seus discípulos lhe perguntarem: "És tu aquele que há de vir ou devemos esperar por outro?" (Mt 11,3). Assim, essas curas, para quem conhece as Escrituras, têm de fato um sentido messiânico. Em todo caso não nos devemos equivocar sobre a messianidade de Jesus: ela não é o que imaginam os beneficiários e as testemunhas dos milagres; a sequência dos fatos se encarregará de mostrá-lo; por ora a discrição é regra.

Até mesmo os apóstolos, na pessoa de Pedro, de certo modo seu porta-voz, mantêm-se em silêncio. À própria pergunta de Jesus, "E vós quem dizeis que eu sou?", Pedro, testemunha dos diversos milagres operados por seu Mestre, responde espontaneamente: "És o Cristo" (8,29-30). Mas, Marcos esclarece, Jesus lhes deu ordem "para que a ninguém dissessem isso a respeito dele" (8,30). Mais surpreendente ainda, aos três apóstolos, Pedro, Tiago e João, que Jesus levou consigo para serem testemunhas da Transfiguração, ao descerem da montanha, Jesus pede a maior discrição, pelo menos até a ressurreição (9,9).

Decididamente, segundo o evangelista Marcos a identidade de Jesus é da ordem do mistério. O ensinamento taxativo que ele oferece, os milagres que opera são sinais de sua qualidade messiânica; mas no momento Jesus impõe a maior reserva pela boa razão de que é possível que haja equívoco sobre sua qualidade de Messias; ela não é a que se pode esperar; só mais tarde será revelada em sua plena verdade, em sua paixão e morte na cruz, e é um pagão, um centurião romano, que, ao ver Jesus expirar, dirá a palavra certa: "Verdadeiramente, este homem era Filho de Deus!" (15,39).

A ininteligência dos discípulos

Enquanto sublinha já no primeiro ensinamento de Jesus sua autoridade reconhecida pelos ouvintes da sinagoga de Cafarnaum (1,22), Marcos se compraz, poderíamos dizer, em mencionar a ininteligência dos apóstolos e dos discípulos: para ele, é uma maneira de sublinhar o mistério da identidade de Jesus.

Depois da parábola do semeador, os Doze ouvem: "Não compreendeis esta parábola? Como compreendereis, então, todas as outras?" (4,13). O relato da tempestade acalmada termina mencionando o medo e a perplexidade dos discípulos: "Eles ficaram tomados de grande medo e diziam entre si: 'Quem é este, a quem até o vento e o mar obedecem?'" (4,41).

Também depois da caminhada de Jesus sobre as águas Marcos evoca o estupor deles e aproveita para dizer que "não tinham compreendido o milagre dos pães" relatado pouco antes, e até que "o seu coração estava endurecido" (6,52). O ensinamento de Jesus sobre o puro e o impuro deixa os discípulos perplexos a ponto de o interrogarem. A resposta não se faz esperar: "Também vós ainda não compreendeis?" (7,18). A reflexão de Jesus sobre o fermento dos fariseus e de Herodes depois do relato da segunda multiplicação dos pães provoca a perplexidade dos discípulos, perplexidade que lhes vale esta observação de Jesus: "Por que estais discutindo o fato de não terdes pão? Ainda não compreendeis nem entendeis? Estais ainda com o coração endurecido? [...]. Ainda não compreendeis?" (8,17-21).

E curiosamente, embora o fato de impor silêncio aos que desvendam a identidade de Jesus só valha para a primeira parte de seu evangelho, Marcos não hesita em denunciar a ininteligência dos discípulos até a última hora do ministério de Jesus. Por ocasião da Transfiguração, Pedro propõe erguer três tendas, uma para Jesus, uma para Moisés, uma para Elias: "É que não sabia o que dizer" (9,6). O ensinamento de Jesus sobre o perigo das riquezas deixa os discípulos estupefatos (10,24). Finalmente, e sobretudo durante a agonia de Jesus no Getsêmani, Pedro, Tiago e João, os apóstolos que levou consigo, não percebem de modo nenhum a gravidade do momento. Ainda que lhes tenha recomendado vigiar enquanto ele orava, nas três vezes que voltou até eles Jesus os encontrou dormindo (14,32-42). Marcos realmente não poupa os discípulos, descreve homens de espírito lento que precisam constantemente de explicações, seja para o ensinamento dispensado seja para os milagres operados. Eles só compreenderão de fato a identidade de seu Mestre na última hora, por ocasião da ressurreição.

A incompreensão dos apóstolos

Na segunda parte de seu evangelho, logo depois da resposta de Pedro para Jesus: "És o Cristo" (8,29), Marcos relata um novo ensinamento de Jesus, mais particularmente destinado aos apóstolos e aos discípulos: "Ele começou a lhes ensinar que o Filho do homem deveria sofrer muito, ser rejeitado pelos anciãos, pelos chefes dos sacerdotes e escribas, ser entregue à morte, mas ressuscitar depois de três dias" (8,31).

Esse anúncio da Paixão que ele deve viver em Jerusalém, Jesus o repete em termos quase idênticos por duas vezes (9,31; 10,33-34). A cada vez suscita nos ouvintes uma real incompreensão: "Eles não compreendiam esta palavra" (9,32), não porque não entendem o sentido do que lhes é dito, mas porque se recusam a vislumbrar um tal destino para seu Mestre, ainda mais por saberem que, enquanto discípulos, conhecerão a mesma sorte: "Se alguém quer me seguir, renuncie a si mesmo, tome sua cruz e siga-me" (8,34).

O primeiro a reagir, e violentamente, é o apóstolo Pedro, que, "chamando-o [Jesus] em particular, começou a censurá-lo" (8,32). Para ele, de fato, assim como para todos os Filhos de Israel, Cristo só pode ser um Messias glorioso, um novo Davi, um libertador de seu povo, pelo menos é o que reiteram os peregrinos de Emaús: "Esperávamos que fosse ele quem libertaria Israel" (Lc 24,21). No entanto, Jesus esclarece: esses não são os pensamentos de Deus, "mas dos homens" (8,33), que são apenas tentações.

O segundo anúncio da Paixão (9,31) deixa os apóstolos desta vez mais do que perplexos, a ponto de não ousarem confessar sua preocupação do momento: no reinado que está por chegar, que em seu espírito só pode ser conforme às normas deste mundo, quem será "o maior" (9,34), quem terá autoridade, quem se beneficiará das honras? A resposta de Jesus só pode desampará-los: "Se alguém quer ser o primeiro, seja o último de todos e o servidor de todos" (9,35), subentendido à imagem e a exemplo do que ele é e do que ele próprio vai viver dando sua vida por seus irmãos.

A reação de Tiago e de João, filhos de Zebedeu, depois do terceiro anúncio da Paixão (10,33-34) é da mesma ordem: gostariam de compartilhar mais de perto o poder no reinado que está por chegar, reinado que segundo eles só pode ser glorioso (10,37). A resposta de Jesus evocando o cálice a beber e o batismo necessário que devem conhecer depois dele é tão enigmática que eles se dizem voluntários: "Podemos!" (10,39). Mas "cálice" a beber e "batismo" ou mergulho no sofrimento e na morte são os termos que anunciam a Paixão.

Assim, até a última hora, até a prisão no jardim das Oliveiras, onde vão abandonar seu Mestre e fugir (14,50), os apóstolos não penetraram o mistério da identidade de Jesus; será preciso encontrarem o ressuscitado (16,14). Essa descoberta laboriosa e dolorosa da verdadeira messianidade explica muito bem o silêncio que Jesus impõe às declarações intempestivas de uns e outros no início de seu ministério.

7
João Batista
Tema 4

Depois dos apóstolos Pedro e Paulo, João Batista está entre os personagens mais mencionados no Novo Testamento, embora presente apenas nos evangelhos e no livro dos Atos dos Apóstolos: Pedro é citado 154 vezes, Paulo 158 vezes e João Batista 90 vezes.

A seu respeito, os quatro evangelhos procedem sistematicamente da mesma maneira: a apresentação do ministério de Jesus só começa após a menção ao de João Batista, à sua pregação e ao batismo que ele oferece. Este procedimento até está presente no livro dos Atos, seja na pregação de Pedro (At 10,37; 11,16) seja na de Paulo (At 13,24-25).

Ao longo dos quatro evangelhos, até a morte do precursor, um certo número de comparações e até mesmo de paralelos são estabelecidos entre João Batista e Jesus.

Nos evangelhos sinóticos, o qualificativo "profeta" é conferido a João Batista (Mc 11,32; cf. Mt 11,9 // Lc 7,26) e a Jesus (Mc 6,4 // Mt 13,57 // Lc 4,28), ao passo que no quarto evangelho a missão respectiva de um e outro é a do testemunho: João Batista (Jo 1,7.8.15.19.32.34), Jesus (Jo 4,44; 5,31; 8,14).

Os evangelhos falam constantemente dos discípulos de Jesus, mas é dito que João Batista também tem discípulos (Mc 2,18 // Mt 9,14; Lc 5,33).

O final do relato da execução de João Batista: "Os discípulos de João [...] foram buscar o seu corpo e o puseram num sepulcro" (Mc 6,29 // Mt 14,12) não deixa de evocar o gesto de José de Arimateia, que depois de envolver o corpo de Jesus num lençol "o colocou num sepulcro" (Mc 15,46 // Mt 27,60 // Lc 23,53).

Dito isso, sabe-se que cada evangelista tem uma concepção ou uma apresentação um tanto pessoal da pessoa e da missão de João Batista. Para dar um exemplo, o quarto evangelho vê em João Batista essencialmente uma testemunha (Jo 1,7.8.15.19). Que imagem e que mensagem o evangelista Marcos pretende dar de João Batista?

A maioria dos comentadores do segundo evangelho converge em ver na perícope da profissão de fé de Pedro (8,27-30) um ponto de inflexão na apresentação do ministério de Jesus. De fato, já no versículo seguinte perfila-se a Paixão: "Ele [Jesus] começou a lhes ensinar que o Filho do homem deveria sofrer muito [...]" (8,31).

A figura de João Batista assim como seu ministério estão presentes sobretudo na primeira parte do evangelho (1,1–8,30); a segunda parte do evangelho só apresenta duas alusões a ele.

Quanto ao essencial, Mateus e Lucas retomam as passagens de Marcos referentes a João Batista, todavia com ligeiras variações. Lucas, entretanto, não relata nem sua execução (6,17-29), mencionando-a apenas bem no início (Lc 3,19-20), nem a possível identificação de João Batista com Elias (9,9-13).

João Batista e Jesus (1,1-13)

Anúncio da missão de João Batista (1,1-3)

Assim que anuncia o tema de sua obra, ou seja, a Boa-nova que é e que traz Jesus, Cristo, Filho de Deus, Marcos chega a outro personagem: João Batista. Incluído no "início da Boa-nova", este faz parte dela, peça-chave de certo modo; digamos até que ele abre este "começo". Os dois, João Batista e Jesus, conhecem os mesmos lugares: o deserto (1,4 e 1,12) e o Jordão (1,5 e 1,9), e também o mesmo rito: o batismo (1,8). Todavia, convém levar em conta os versículos 7 e 8, em que a situação e a função de cada um são claramente distinguidas: há o menos forte, embora historicamente seja o primeiro, que só batiza com água, que é João Batista, e há Jesus, o mais forte, que batizará com o Espírito Santo. Por conseguinte, embora abra o "começo da Boa-nova", João Batista é dependente de Jesus, e, contudo, com sua presença e seu ministério se inaugura o tempo da salvação. Observe-se, de passagem, que essa concepção de Marcos vai ao encontro do querigma apostólico: antes de evocar o ministério de Jesus, ele faz menção ao de João Batista: "Vós mesmos já sabeis o que aconteceu em toda a Judeia, desde a Galileia, depois do batismo anunciado por João" (At 10,37; cf. também At 13,24-25).

Antes de falar de João Batista, Marcos recorre a uma passagem escriturística que ele anuncia como proveniente do "profeta Isaías" (1,2-3). De fato, só o versículo 3: "Voz de alguém que clama no deserto [...]" é extraído de Isaías 40,3, segundo a Septuaginta, com a adaptação "seus caminhos" em vez de "o caminho do Senhor". Na passagem paralela, Mateus 3,3 e Lucas 3,4 apresentam a mesma citação com a mesma correção. Em contrapartida, Marcos 1,2: "Eis que envio meu mensageiro [...]" não provém de Isaías, mas antes de Malaquias 3,1 ou de Êxodo 23,20. Mateus (Mt 11,10) e Lucas (Lc 7,27) recorreram a esta citação no contexto do testemunho dado por Jesus a João Batista. Ao que parece, Marcos juntou essas duas citações em razão do tema do "caminho" (*hodos*) que é preciso preparar. No versículo 2, é o mensageiro (*angelos*) que tem esse encargo, e o leitor compreende que se trata de João Batista; no versículo 3, são os ouvintes da voz (*phoné*) que são exortados a cumprir essa tarefa. Seja como for, destaque-se a insistência de Marcos na necessária "preparação do caminho". A missão de João Batista consiste não só em preparar esse caminho, mas também em exortar seus compatriotas a fazê-lo eles mesmos e por eles mesmos. Quanto à pessoa a cujo respeito é urgente se preparar, não há hesitação possível, é o Senhor (*kyrios*). Certamente, em Isaías 40,3 o Senhor é Deus, mas, segundo o evangelista, o Senhor é Jesus, aquele que ele anunciou já no primeiro versículo.

João Batista proclama e batiza (1,4-8)

Em cinco versículos Marcos simplesmente evoca a atividade de João Batista: por um lado ele proclama (*kerusso*) "um batismo de conversão para a remissão dos pecados" (1,4) e a vinda de um "mais forte do que ele" (1,7) que "batizará com [em] o Espírito Santo" (1,8), e por outro batiza os que vêm a ele (1,5.8). Marcos não evoca a razão de seu convite ao batismo de conversão, como faz Mateus (Mt 3,2), menos ainda a urgência desse procedimento, amplamente enfatizada por Mateus (Mt 3,7-10.11-12) e Lucas (Lc 3,7-9.15-18). Sua apresentação da atividade e do papel de João Batista é de extrema sobriedade, o que lhe permite destacar sobre o tema do batismo o papel de ambos:

de João Batista, que não é digno de se "abaixar para amarrar as suas sandálias" e que só batiza com água, e de Jesus, o mais forte, que "batizará com o Espírito Santo" (1,7-8). Portanto, para Marcos é importante destacar bem a preeminência de Jesus sobre João Batista.

A roupa e o alimento de João Batista (1,6)

Marcos faz questão de evocar o vestuário e o regime alimentar de João Batista (1,6), detalhes mencionados por Mateus (Mt 3,4), mas não por Lucas. Há quem pense que se trata de uma observação anódina, invocando o fato de que João Batista se encontra no deserto. É possível no que concerne ao regime alimentar de gafanhotos e de mel silvestre. No entanto, ao que parece não ocorre a mesma coisa quanto às roupas. De fato, acontece que as vestimentas lembram as do profeta Elias: "Era um homem com veste de pelo e que cingia um cinto de couro ao redor dos rins" (2Rs 1,8, de acordo com a Septuaginta). Ora, Marcos, depois e em duas ocasiões, estabelece uma comparação entre João Batista e Elias (8,27-30 e 9,9-13). Desse modo, mas sem o dizer, ele vê em João Batista um profeta.

João Batista batiza Jesus (1,9-11)

Marcos explica que Jesus, que receberá o batismo no Jordão, veio "de Nazaré da Galileia" (1,9); é na Galileia que ele começa sua pregação (1,14-15), e no fim do evangelho os apóstolos devem ir à Galileia para encontrar o Ressuscitado (16,7). Por um lado, essa evidente inclusão e, por outro, a importância atribuída por Marcos ao ministério galileu de Jesus – quase a metade do texto – valem a este evangelho o qualificativo de evangelho galileu.

Marcos não se aprofunda com respeito ao próprio batismo: "Ali no Jordão foi batizado por João" (1,9). Em contrapartida, são os eventos resultantes dele que lhe interessam: os céus se abrem, o Espírito desce sobre Jesus, uma voz se faz ouvir (1,10-11). Marcos faz do batismo uma verdadeira teofania da qual o próprio Jesus é testemunha: "Ele viu [...] e [não dito] ouviu" (1,10-11). Os céus que se abrem podem fazer lembrar a oração "Ah! Se rasgasses os céus e descesses" (Is 63,19 segundo o texto massorético), e a comparação do Espírito com uma pomba tem o objetivo de materializar o Espírito para que possa ser visto.

A voz, a de Deus-Pai, uma vez que se dirige a Jesus usando o termo Filho, confirma a profissão de fé de Marcos no primeiro versículo de seu evangelho (1,1). Ela será ouvida novamente pelos três apóstolos, Pedro, Tiago e João, testemunhas da Transfiguração de Jesus (9,7), mas com uma mudança muito significativa na segunda parte da mensagem. A voz já não fala da complacência do Pai com seu Filho (1,11), ela exorta os apóstolos a "escutar o Filho" (9,7), que doravante lhes anuncia seu outro batismo, o de sua paixão e morte (10,38-39). Em Marcos 1,11, a mensagem da voz divina é formulada em termos extraídos do Antigo Testamento: "Tu és Meu Filho" provém de um salmo messiânico (Sl 2,7); "bem-amado" (*agapétos*) é o qualificativo dado a Isaac (Gn 22,2.12.16), que, apresentado em sacrifício por Abraão, anuncia o destino de Jesus; "tens todo o meu favor" ou, mais exatamente, "em ti está meu pleno agrado" lembra a palavra de Deus dirigindo-se a seu servo no primeiro dos quatro cantos do Servo: "Meu escolhido, alegria do meu coração" (Is 42,1)

"Depois que João foi entregue" (1,14)

Tendo mencionado simplesmente em dois versículos (1,12-13) – ao contrário de Mateus e Lucas – os quarenta dias de tentações de Jesus no deserto, Marcos está como que apressado para chegar à apresentação do ministério de Jesus: "Jesus se dirigiu a Galileia. E proclamava" (1,14). E, para não dispersar a atenção de seu leitor, que poderia perguntar-se sobre a sorte de João Batista, ele anuncia sua morte muito simplesmente: "Depois que João foi preso" (1,14). De fato, ele volta a isso um pouco adiante, e até detalhadamente, a propósito da indagação do rei Herodes sobre a personalidade de Jesus (6,14-29).

O jejum de João Batista e de seus discípulos (2,18-19)

O jejum em sinal de penitência e humilhação é prescrito pela Lei na celebração de *Yom Kippur* (Lv 16,29-31). Também Jesus e seus discípulos não podem dispensar-se dele. Trata-se, portanto, de outro jejum, que pode ser qualificado de devoção, ecoado pelo fariseu da parábola de Lucas: "Jejuo duas vezes por semana" (Lc 18,12). Os dias dessa ascese pessoal eram até codificados: na segunda-feira e na quinta-feira. Por essa questão sobre a prática do jejum bissemanal entre os judeus mais fervorosos, os fariseus em particular, descobrimos outra dimensão da ascese de João Batista: não só ele se alimenta apenas de "gafanhotos e de mel silvestre" (1,6) como jejua duas vezes por semana. Outra informação nos é dada: a de que João Batista é acompanhado por discípulos: "Por que é que os discípulos de João [...] jejuam?" (2,18). Serão mencionados novamente em Marcos 6,29 e cada evangelista fala deles, mas em Marcos nada mais será dito a seu respeito. Digamos finalmente que Marcos não menciona explicitamente que o próprio João Batista pratica esse jejum, mas seria estranho que, uma vez que os discípulos o respeitam, seu Mestre não o faça.

Execução de João Batista (6,14-29)

Antes de começar a falar de Jesus e de sua proclamação da proximidade do Reino de Deus, em algumas palavras Marcos evoca o desaparecimento de João Batista (1,14): ele foi "entregue" (*paradidomi*), mas Marcos não fala do autor desse ato. Observemos de passagem que o emprego do verbo "entregar" na escrita de Marcos não é anódino. No prosseguimento do evangelho, esse verbo voltará doze vezes no anúncio e na prisão de Jesus e também na Paixão. Esse procedimento alerta o leitor para o sentido que Marcos pretende dar ao destino de João Batista.

E é por meio de um personagem até então ignorado em seu relato que Marcos chega a ele: trata-se do "rei Herodes" (6,14). Com a morte de seu pai, Herodes, o Grande, em 4 a.C., Herodes Antipas herdou a Galileia e a Pereia e governou, como tetrarca e não como rei, até 39 d.C. Quando em razão da notoriedade de Jesus – "seu nome se tornara célebre" (6,14) – muitos perguntam sobre sua identidade: não seria ele "João Batista [que] ressuscitou dos mortos?" (6,14) – supostamente, portanto, o público sabe de sua morte, ao passo que ela só será anunciada depois no versículo 16 – ou "Elias" ou "um profeta igual aos antigos profetas" (6,15), Herodes por sua vez é categórico: "É João, a quem mandei degolar: é ele que ressuscitou" (6,16).

Para Marcos, esse anúncio oficial do tetrarca é a oportunidade de relatar a morte de João Batista (6,17-29), relato também presente em Mateus. Um historiador judeu do século I, Flávio Josefo, também a narra, mas de uma maneira um pouco diferente. Marcos explica previamente que Herodes, instigado por Herodíades, sua segunda esposa, mandara manter João na prisão (6,17) – remetendo completamente a 1,14. Na verdade, Herodíades não suportava as repreensões de João Batista a respeito de sua situação matrimonial ilegítima com relação à Lei (Lv 20,21). De fato, ela deixara seu primeiro esposo, Filipe, filho de Herodes, o Grande, que vivia em Roma, para se casar com o cunhado, Herodes Antipas, que por sua vez tinha se separado da primeira esposa de origem nabateia. Quanto a Herodes, ele não tinha os mesmos sentimentos por João Batista: sabia que era "um homem justo e santo, e o protegia [...] e até o escutava de boa vontade" (6,20), ao mesmo tempo que o temia. Mas uma promessa inconsiderada à filha de Herodíades, que divertira a ele e aos convivas por ocasião de um banquete de aniversário, levará ao drama. Como ele prometeu lhe dar tudo o que quisesse, depois de consultar a mãe ela exigiu, "num prato, a cabeça de João Batista" (6,25). Embora muito triste, Herodes mandou executar João Batista "por causa de seus repetidos juramentos e dos convidados" (6,26).

Além do caráter dramático dessa morte, Marcos faz de seu relato o anúncio de outra morte, a de Jesus. João Batista será o precursor de seu Mestre até na morte. O verbo "entregar" (1,14) já chamou a atenção do leitor. O último versículo do relato de sua execução: "Quando os discípulos de João souberam disso, foram buscar o seu corpo e o puseram num sepulcro" (6,29), sugerindo o procedimento de José de Arimateia, que pede a Pilatos o corpo de Jesus para depô-lo num sepulcro (15,43-46), confirma essa intenção do evangelista. Ela se torna até mesmo uma evidência pelo emprego de verbos e de expressões idênticas nas duas paixões: "prender/guardar" (6,17 e 14,1.44.46.49); "matar/entregar à morte/tirar a vida" (6,19 e 8,31; 9,31; 10,34; 14,1); o dia em que o "momento oportuno/ocasião" (6,21 e 14,11); o ódio de Herodíades e o dos chefes dos sacerdotes e escribas (6,19 e 14,1). Portanto, Marcos vê em João Batista o precursor, em tudo, do "mais forte que ele", seja em seu ministério, em sua morte e até em sua ressurreição sugerida pela multidão (6,14) e afirmada por Herodes Antipas (6,16).

"Quem é Jesus? João Batista?" (8,27-30)

Ainda que Marcos estabeleça em sua narrativa do martírio de João Batista um paralelo entre este e Jesus, não os confunde: João, embora tenha vindo primeiro, é o menor; Jesus, embora tenha sido o segundo a vir, é o maior (cf. 1,7); João é apenas o precursor. Quanto às multidões, não sabem o que pensar. Em Marcos 6,14, Marcos já repercutiu uma opinião singular daqueles que seguiram Jesus: ele seria "João Batista [que] ressuscitou dos mortos", e é por isso, dizem eles, que "o poder dos milagres está sendo exercido por ele". Argumentação espantosa! Marcos e os três outros evangelhos não indicam nenhum exorcismo ou milagre operado por João. Fariam eles referência a "todos os habitantes da região da Judeia e de Jerusalém" que acorriam a ele no Jordão para serem batizados (cf. 1,5)? A confusão Jesus-João não se explica.

A mesma coisa ocorre quanto à resposta dos discípulos à pergunta de Jesus: "'Quem dizem as pessoas que eu sou?'. Eles lhe disseram: 'Uns dizem que és João Batista; outros que és Elias; outros ainda que és um dos profetas'" (8,27-28). Essa enumeração das identidades possíveis retoma a de Marcos 6,14, mas simplificada.

Essa confusão das multidões, repetida duas vezes, não seria, em Marcos, um meio de sublinhar a dificuldade de conseguir compreender a verdadeira identidade de Jesus?

"João Batista não seria Elias?" (9,9-13)

A pergunta dos três apóstolos, Pedro, Tiago e João, testemunhas da Transfiguração, sobre o dizer dos escribas de "que Elias deve vir antes" (9,11) explica-se duplamente. Na montanha "apareceu-lhes Elias com Moisés, conversando com Jesus" (9,4); descendo da montanha, Jesus pede-lhes silêncio sobre o que viram até o dia em que "o Filho do homem ressuscitasse dos mortos" (9,9). Eles simplesmente fizeram a comparação com a profecia de Malaquias: "Eis que vos envio o profeta Elias, antes que venha o Dia do Senhor" (Ml 3,23), profecia que anuncia, portanto, a volta de Elias, que segundo a tradição não morrera, mas fora levado para o céu (2Rs 2,11-12) como precursor do dia do Senhor, dia que não é senão o da chegada do Messias, até da ressurreição dos mortos. Num primeiro momento, Jesus confirma essa profecia: "É certo que Elias deve vir antes" (9,12), e em segundo lugar, com insistência: "Pois bem, eu vos digo que Elias já veio" (9,13), e a alusão ao tratamento que ele recebeu não deixa dúvida. Para Jesus, o Elias em questão é João Batista. Além disso, na passagem paralela Mateus escreve: "Então os discípulos compreenderam que Jesus lhes tinha falado a respeito de João Batista" (Mt 17,13).

Marcos menciona João Batista uma última vez no contexto de uma discussão tensa entre Jesus e as autoridades judaicas.

Elas o interrogam: "Com que autoridade fazes estas coisas?". Jesus lhes responde com uma pergunta: "O batismo de João era do céu ou dos homens?" (11,27-33). Os notáveis ficam sem saída. Qualquer uma das duas respostas só poderia enredá-los: "Não sabemos", acabam dizendo. Jesus sente-se autorizado a não responder à pergunta deles. Mas nessa cena, com exceção da menção ao batismo, nada mais é dito sobre João Batista.

A figura de João Batista que Marcos oferece a seu leitor é ao mesmo tempo rica e complexa. Qualificado de profeta, e até suspeito de ser Elias (9,9-13), João Batista se distingue de seus predecessores. Proclama e administra a seus contemporâneos "um batismo de conversão para a remissão dos pecados" (1,4). Batizando Jesus, ele se apaga diante dele, apresentando-o como mais forte que ele pela razão de que "batizará com o Espírito Santo" (1,8). Enfim, de certo modo as condições de sua morte são um anúncio profético da morte de Jesus (6,14-29).

8
Os companheiros de Jesus: os discípulos e os Doze
Tema 5

Marcos reconhece principalmente dois termos para designar os companheiros de Jesus durante seu ministério: os discípulos (*mathétai*) e os Doze (*dôdeka*). Só num episódio utiliza a palavra apóstolo (*apóstolos*), ou seja, "enviado": de volta de sua missão e reunidos em torno de Jesus, os Doze são qualificados de "apóstolos" (6,30), ao que parece pela razão de ele ter utilizado o verbo "enviar" (*appostello*) para dizer de sua partida em missão: "Chamou os Doze e enviou-os dois a dois" (6,7). Devemos notar, todavia, que no relato da Instituição dos Doze alguns manuscritos dizem: "Instituiu Doze", "que imediatamente denominou também apóstolos" (3,14), mas é muito provável que este acréscimo provenha de Lucas 6,13. De fato, à primeira vista surpreendente, essa raridade da palavra "apóstolo" não é tão estranha assim: Mateus e João também só a empregam uma vez cada um; de certo modo, o termo é reservado ao livro dos Atos dos Apóstolos (28 ocorrências) e aos escritos paulinos (34 ocorrências). Em contrapartida, os vocábulos "discípulos" e "Doze" pertencem tipicamente ao vocabulário evangélico: respectivamente

73 e 13 ocorrências em Mateus; 44 e 12 em Marcos; 37 e 12 em Lucas; 78 e 6 em João; 28 e 4 nos Atos; 0 e 1 nos escritos paulinos.

Os discípulos

Os discípulos estão presentes ao longo de todo o evangelho de Marcos (de 2,15 a 16,7). A mesma coisa ocorre para os Doze (de 3,14 a 14,17), e nem sempre é fácil distinguir os dois grupos. Entretanto, salvo evidência em contrário em razão do contexto, pode-se admitir que até Marcos 6,6 discípulos e apóstolos formam dois grupos diferentes de companheiros de Jesus. Depois, a partir de Marcos 6,30, os dois termos são empregados um pelo outro, portanto designam os mesmos personagens.

Onde e quando estão presentes?

Os discípulos aparecem subitamente no contexto de controvérsias entre Jesus e as autoridades judaicas que os interpelam:

> Quando os mestres da lei dos fariseus viram que ele comia com os pecadores e publicanos, perguntavam a seus discípulos: "Por que é que ele come e bebe junto com os cobradores de impostos e pecadores?" (2,15-16).
> Por que os discípulos de João e os discípulos dos fariseus jejuam, e os teus não? (2,18).
> Reparas bem o que [os discípulos] estão fazendo em dia de sábado? Não é permitido (2,24).

Eles estão ao lado de Jesus à beira do lago (3,7.9). Recebem uma explicação particular de Jesus sobre seu ensinamento em parábolas (4,33-34). Permitem-se fazer uma reflexão sensata para Jesus, que pergunta por ocasião da cura da hemorroíssa:

"Quem tocou em minha roupa?": "Estás vendo a multidão que te aperta e ainda perguntas: Quem me tocou?" (5,31). Acompanham Jesus até sua terra de Nazaré (6,1); estão a seu lado quando da primeira multiplicação dos pães (6,35-41) e entram numa barca para se dirigirem a Betsaida (6,45).

Novamente são interpelados pelos escribas e fariseus que observaram que eles tomavam "refeições com mãos impuras" (7,2.5), e Jesus vê-se na obrigação de lhes dar uma explicação sobre o puro e o impuro (7,17). Estão presentes na segunda multiplicação dos pães (8,1.4.6.10) e depois acompanham Jesus até Cesareia de Filipe (8,27.33.34).

Descendo da montanha da Transfiguração, Jesus junta-se a eles (9,14) e, diante deles, espantados, cura um epiléptico endemoninhado (9,14.18.28), e depois pela segunda vez anuncia-lhes sua paixão (9,31). A caminho para Jerusalém, dá-lhes alguns ensinamentos sobre o espírito da infância (10,13-16) e sobre o perigo das riquezas (10,23-27), e chega a Jericó em sua companhia (10,46). Antes de entrar em Jerusalém, envia dois de seus discípulos em busca de um jumentinho (11,1); na cidade, continua o ensinamento indireto e direto a seus discípulos. Depois, é um de seus discípulos que se extasia diante do esplendor do Templo (13,1).

Finalmente, na véspera da Paixão, Jesus os envia para ajudarem nos preparativos da ceia pascal (14,12-16), e é na companhia deles que vai ao jardim do Getsêmani (14,32). Na manhã da Páscoa, as mulheres que tinham vindo ao sepulcro recebem ordens de um "jovem [...] vestido de branco" de dizerem aos discípulos para irem à Galileia onde encontrarão o Ressuscitado (16,7).

Quem são eles e o que fazem?

No que se refere aos discípulos no sentido estrito do termo (*mathétai*), ou seja, distintos dos Doze, Marcos dá poucos detalhes sobre sua condição. Eles acompanham Jesus na base do voluntariado, sem convocação específica, e compartilham sua vida como alunos ligados ao professor, o que era comum na época. Também são importunados pelos escribas e fariseus por causa das liberdades que Jesus e decerto eles mesmos autorizam-se com relação à convivência com pecadores (2,15-16), à observância do jejum (2,18), ao respeito do sábado (2,24). Eles ouvem seus ensinamentos como todos os outros ouvintes, mas são favorecidos em particular por explicações suplementares (4,34). Em suma, são companheiros de vida, simplesmente, mas não recebem nenhuma delegação de autoridade, nenhuma missão de seu Mestre.

Os Doze

Quanto aos Doze, é completamente diferente: são chamados, instituídos por Jesus para serem os continuadores de sua própria missão, ou seja, anunciar a Boa-nova do Reino.

Os chamados

Assim que anunciou a presença de Jesus na Galileia proclamando a Boa-nova, Marcos menciona o chamado de quatro pescadores do mar da Galileia. São dois irmãos de cada vez: Simão e André, por um lado, que "abandonaram as redes e se puseram a segui-lo" (1,16-18), e por outro Tiago e João, filhos de Zebedeu, que, "deixando o pai na barca com os empregados, o seguiram" (1,19-20). O grupo de chamados precede o daqueles que o seguem por escolha pessoal, ou seja, os discípulos. Observemos que é Jesus que toma a iniciativa: avista estes homens e os chama. Além disso, tem um projeto para eles: "Farei de vós pescadores de homens" (1,17), frase um tanto enigmática, sem dúvida inspirada pelo ofício deles.

Um pouco mais tarde, mas sempre ao longo do mar, Jesus avistou "Levi, filho de Alfeu, sentado à mesa de cobrador de impostos e lhe disse: 'Segue-me!'. Ele se levantou e se pôs a segui-lo" (2,14). Este cobrador tem o nome de Mateus no primeiro evangelho (Mt 9,9). Aliás, na lista dos Doze estabelecida por Marcos, o nome de Levi não consta, mas o de Mateus está presente (3,18). Esse chamado, dessa vez particular, é narrado nos mesmos termos que o primeiro: Jesus o vê, chama "segue-me"; Levi o segue, no entanto sem falar sobre o que está deixando; a iniciativa dessa associação pertence também a Jesus.

A instituição dos Doze

Exatamente como Mateus, que para sublinhar a seriedade da mensagem das Bem-aventuranças diz que Jesus escala a montanha tal como Moisés sobe ao Sinai para receber a Lei (Mt 5,1), Marcos evoca essa solenidade para a instituição dos Doze: "Depois Jesus subiu ao monte" (3,13). Ora, no contexto da narrativa é impossível situar esse lugar. Além disso, ele sublinha intensamente a iniciativa de Jesus, o fato de a instituição dos Doze selecionados entre os discípulos que o cercam ser de sua escolha pessoal: "Chamou os que queria para junto de si" (3,13).

Desses Doze instituídos, que lembram as doze tribos de Israel, sem dúvida para significar a continuidade do desígnio divino, é dada uma lista exaustiva (3,16-19). Veem-se nela nomes desconhecidos até então, mas também rostos já encontrados, particularmente os quatro primeiros chamados às margens do mar da Galileia (1,16-20). Simão é o primeiro citado, como por ocasião do chamado, porém Marcos explica que Jesus lhe impõe um nome de sua escolha: Pedro, *Kepha* em aramaico, *Petros* em grego, cujo sentido é rocha ou rochedo. Segundo a tradição bíblica, essa mudança de nome imposta significa mudança de condição ou de função, tal como acontece para Abraão (Gn 17,5). Porém, depois Marcos não explorará essa iniciativa como o faz Mateus (Mt 16,18). Quanto ao nome de "*Boanerges*, isto é, Filhos do Trovão" (3,17), imposto aos filhos de Zebedeu, o significado dessa iniciativa de Jesus é menos evidente. Poderia evocar o caráter um tanto intempestivo dos dois homens (cf. 9,38; 10,35-37).

Marcos esclarece que Jesus institui esses Doze com um objetivo tríplice: "Para serem seus companheiros", "para enviá-los a pregar", "com o poder de expulsar os demônios" (3,14). O primeiro imperativo dessa instituição é, portanto, a associação, o compartilhamento de vida dos Doze com seu Mestre, a fim de ouvirem seu ensinamento e de serem testemunhas de suas ações: exorcismos, milagres, encontros. Efetivamente, a partir desse momento e até a fuga deles na noite da prisão de Jesus – fuga que Marcos relata laconicamente: "Então todos o abandonaram e fugiram" (14,50) –, no evangelho Jesus nunca está sozinho.

O envio dos Doze em missão

Os dois outros objetivos da Instituição dos Doze realizam-se com o envio em missão (6,6b-13), a qual é apresentada por Marcos como um prolongamento fiel da missão de Jesus:

- "Saíram, então, a fim de pregar que se convertessem" (6,12). Em sua primeira tomada de palavra, Jesus apresenta a mesma exigência: "Convertei-vos" (1,15).
- De volta, "se reuniram com Jesus e lhe contaram tudo o que tinham feito e ensinado" (6,30). Marcos menciona constantemente o ensinamento de Jesus.
- Tendo recebido autoridade de Jesus sobre os espíritos impuros, "expulsavam muitos demônios" (6,13), a exemplo de Jesus, o exorcista.
- Enfim, tal como Jesus, curavam inúmeros doentes (6,13).

O envio em missão será renovado pelo Ressuscitado em termos quase idênticos: "Ide ao mundo inteiro, proclamai o Evangelho a todas as criaturas [...]; em meu nome expulsarão demônios [...], imporão as mãos sobre os enfermos, que serão curados" (16,15-18).

Privilegiados entre os Doze

Ao longo da associação de Jesus com os Doze, alguns deles merecem uma atenção toda especial do Mestre. São eles Pedro, Tiago e seu irmão João:

- Tiago e João acompanham Jesus quando ele vai à casa de Simão para curar sua sogra (1,29).
- São os únicos autorizados, com os parentes da criança, a testemunhar o retorno da filha de Jairo à vida (5,37-40).
- Também são as únicas testemunhas da Transfiguração (9,2).

Esses mesmos três, mais do que os outros, são associados à agonia do Senhor no Getsêmani (14,33).

E a cada vez, exceto em Marcos 1,29, Marcos esclarece que essa presença resulta da vontade explícita de Jesus, que os leva consigo. Qual pode ser a razão disso? Devemos notar em primeiro lugar que são os três primeiros nomes da lista dos Doze, e quando são quatro a interrogar Jesus sobre o momento em que se produzirá o fim do mundo, o quarto do grupo, André, é o quarto da lista dos Doze (13,3). Seria para destacar a importância do acontecimento? Isso pode ser válido para os episódios da Transfiguração e da agonia. Seria para responder às exigências do Deuteronômio, que determina a palavra de duas ou três testemunhas para um testemunho (Dt 17,6)? A resposta definitiva continua suspensa.

Uma condição particular concedida a Simão Pedro

Nomeado primeiro por ocasião do chamado dos quatro (1,16) e na lista dos Doze (3,16) bem no início do evangelho, Simão Pedro será o único presente por ocasião da paixão do Senhor, ainda que a menção de sua presença não lhe seja favorável, pois fala de suas negações (14,66-72). E, na manhã de Páscoa, as mulheres que vêm à sepultura recebem a seguinte ordem: "Ide agora dizer a seus discípulos, e em particular a Pedro, que ele vos precederá na Galileia" (16,7). Nesse anúncio do jovem vestido de branco há uma atenção muito especial a Pedro.

De fato, ao longo de seu evangelho, ainda que na maioria das vezes não seja em favor do apóstolo, Marcos menciona intervenções de Pedro. Quando Jesus pergunta a seus discípulos: "E vós quem dizeis que eu sou?", é Pedro que toma a palavra:

"És o Cristo" (8,29). Essa resposta, correta quanto ao termo, poderia dar a entender uma inteligência especial da identidade de Jesus por parte do apóstolo; mas ela é imediatamente contraditada por sua reação ao anúncio da Paixão: "Então Pedro, chamando-o em particular, começou a censurá-lo" (8,31-33). Na Transfiguração, dos três discípulos presentes só Pedro sente a necessidade de tomar a palavra, ao passo que "não sabia o que dizer" (9,5-6). Quando Jesus fala do perigo das riquezas, Pedro intervém, sem dúvida um tanto abalado: "Nós abandonamos tudo e estamos te seguindo" (10,28), subentendendo "e nós, como ficamos?". Jesus proferiu palavras de condenação contra uma figueira que não tinha frutos – "porque não era a época dos figos" (11,13) –, e no dia seguinte, passando ao lado da árvore morta, Pedro, admirado, não se furta à reflexão: "Olha, *Rabbi*: a figueira que amaldiçoaste ficou seca" (11,21). Logo antes de sua paixão, a caminho do monte das Oliveiras, Jesus alerta seus apóstolos: "Todos ireis cair". Pedro protesta imediatamente: "Ainda que todos caiam, eu não!" (14,29) e até ousa contradizer Jesus, que em resposta a seu protesto de fidelidade anuncia-lhe sua negação: "Ainda que tenha de morrer contigo, não te negarei" (14,31). O desenrolar dos acontecimentos se encarregará de mostrar a bravata do apóstolo: quando Jesus comparece como acusado diante do Sinédrio, três vezes Pedro renegará seu Mestre, chegando a dizer: "Não conheço este homem de quem falais"; mas depois "prorrompeu em choro" (14,66-72).

Evidentemente, Marcos se empenha em desvendar para seu leitor a complexa personalidade de Pedro, constituída de espontaneidade, às vezes até de ingenuidade, de lucidez, mas também de ininteligência, certamente de apego a seu Mestre, porém fraca a ponto de renegá-lo. E ao mesmo tempo Marcos faz questão de sublinhar que é com aquele homem, Pedro, que Jesus quis contar para continuar sua missão: "Ide agora dizer a seus discípulos, e em particular a Pedro, que ele vos precederá na Galileia" (16,7).

9

Cafarnaum, a cidade galileia de Jesus

Tema 6

A maior parte do ministério galileu de Jesus (1,14–9,50) desenrola-se em torno do mar da Galileia – assim Marcos chama o lago de Tiberíades –, às vezes até sobre as ondas. É à beira do mar que Jesus avista e chama os quatro primeiros discípulos (1,16-20) e, algum tempo depois, Levi (2,13-14). As margens do lago são para Jesus um lugar privilegiado de ensinamento (3,7-12; 4,1-34). Alguns milagres as têm como cenário: o exorcismo do possesso geraseno (5,1-20), as duas multiplicações dos pães (6,30-44; 8,1-10). Duas travessias do lago permitem a Jesus pôr à prova a fé de seus discípulos: por ocasião da tempestade (4,35-41) e da sua caminhada sobre a água (6,45-52).

Dito isso, as diversas localidades mencionadas por Marcos são bastante raras: Betsaida (6,45; 8,22), Genesaré (6,53), Cesareia de Filipe (8,27), Nazaré (1,9 e, não nomeada, 6,1). Fora isso, trata-se de deserto (1,4.12-13; 8,4) ou de montanha (3,13; 5,5.11; 6,46; 9,2.9), difíceis de situar.

Ora, acontece que Marcos reserva uma posição particular à cidade de Cafarnaum: é a primeira localidade nomeada a receber a visita de Jesus. Ali ele passa um dia inteiro durante o qual o essencial de sua atividade ministerial se expande: ensinamento, exorcismo, cura. Visivelmente, já no início de seu evangelho Marcos pretende dar a seu leitor uma ideia geral do ministério de Jesus na Galileia (1,14–9,50), que ele vai desenvolver em seguida. A essa jornada em Cafarnaum (1,21-34) cabe acrescentar uma segunda passagem por ocasião da cura do paralítico (2,1-12), narrada cinco versículos adiante, cura que permite a Jesus revelar seu poder divino de perdoar os pecados. Ao longo de uma terceira passagem por essa cidade, ele explica aos apóstolos o sentido de sua missão, a de servo, e da missão deles, constituída de serviço e acolhida (9,33-50).

A jornada de Cafarnaum (1,21-35)

Assim que anunciou a presença de Jesus na Galileia proclamando a Boa-nova da chegada do Reino de Deus (1,14-15) e mencionou o chamado dos três primeiros discípulos (1,16-20), Marcos nos diz que "chegaram a Cafarnaum" (1,21) Jesus e seus quatro novos companheiros. Chegando no sábado, provavelmente de manhã, ele permanecerá até o dia seguinte "de madrugada" (1,35). Naquele único dia, ele realiza as três principais atividades de seu ministério: ensinamento, exorcismo e cura.

"Jesus entrando na sinagoga ensinava. Os ouvintes se admiravam muito com seu modo de ensinar, porque ele ensinava como quem tem autoridade, e não como os escribas" (1,21-22). Em um versículo e meio, Jesus é apresentado não só como um docente, o que o resto de seu ministério demonstrará amplamente, mas um docente que "tem autoridade, e não como os escribas" (1,22). Ele dará prova dessa autoridade por ocasião de suas longas discussões com os escribas e os fariseus (2,15–3,6; 7,1-13; 10,1-12).

Ainda na sinagoga, Jesus é afrontado por um espírito impuro que, conhecendo sua identidade – "Eu te conheço: tu és o Santo de Deus" –, se preocupa com sua intenção: "Que é que tens conosco, Jesus de Nazaré? Vieste para nossa perdição?" (1,24). Em poucas palavras, Jesus obtém a libertação do possesso. O domínio de Jesus sobre os demônios será confirmado ao longo de todo o seu ministério (1,34.39; 3,11-12; 5,1-20; 7,24-30; 9,14-29), mas já nesse primeiro exorcismo as testemunhas questionam novamente a autoridade de Jesus: "Mas o que é isto? Aí está um ensinamento novo, dado com autoridade! Ele manda até nos espíritos impuros e eles lhe obedecem!" (1,27). Outra iniciativa de Jesus, a expulsão dos vendedores e compradores do Templo, suscitará entre os chefes dos sacerdotes, os escribas e os anciãos a pergunta: "Com que autoridade fazes estas coisas? Ou quem te deu essa autorização para fazeres estas coisas?" (11,28). O ensinamento e, também, a ação de Jesus, inclusive os milagres, manifestam a autoridade de Jesus, autoridade que se revela desde as primeiras horas.

Sem demora, Jesus deixa a sinagoga para ir à casa de Simão e de André, acompanhado por Tiago e João (1,29-31). Esses quatro discípulos, chamados recentemente (1,16-20), tinham entrado com ele na sinagoga (1,21). Doravante, estarão sempre a seu lado, assim como os Doze, até sua prisão no jardim das Oliveiras. O relato da cura da sogra de Simão não contém nenhum detalhe supérfluo e quase pareceria anódino se não fossem as palavras escolhidas para definir a cura: "Ele a fez se levantar (*egeiro*)". Esse verbo será utilizado para dizer a volta à vida da filha de Jairo (5,41) e a cura do epiléptico endemoninhado. Enquanto as pessoas diziam: "Morreu!", "Jesus o pegou pela mão, levantou-o e ele ficou de pé" (9,26-27). Mais ainda, *egeiro* é um verbo técnico para dizer a ressurreição (6,14.16; 12,26; 14,28; 16,6).

Marcos termina o relato desse dia já muito carregado por um sumário (1,32-34) que amplia ao extremo a atividade de exorcista e taumaturgo de Jesus: "Todos os doentes e possessos" lhe são trazidos; "ele curou muitos doentes [...] e expulsou muitos demônios". Desse modo, Marcos lembra a atividade de Jesus nesse dia passado em Cafarnaum, com exceção de seu ensinamento, e anuncia as numerosas curas corporais e espirituais que doravante ele realizará.

A cura de um paralítico (2,1-12)

De volta a Cafarnaum depois de um tempo de pregação em sinagogas da Galileia, Jesus está "em casa" (2,1), provavelmente a de Simão e de André (1,29), e, diante de uma multidão tão numerosa que boa parte dela está do lado de fora, novamente ele ensina. Chegam então quatro homens levando um paralítico numa padiola. Sem poder alcançar Jesus por causa da multidão, eles sobem ao terraço feito de galhos e terra batida, fazem uma abertura e desse modo conseguem depor o doente aos pés de Jesus.

Desenrola-se então uma cena tão inesperada quanto desconcertante, pelo menos para alguns. Em vez de pronunciar a esperada palavra de cura física, em razão da fé dos carregadores, e evidentemente do doente, Jesus dirige ao doente palavras de cura espiritual: "Meu filho, os teus pecados estão perdoados" (2,5). Aos ouvidos de alguns escribas presentes, essa palavra é, além de inaceitável, de uma pretensão inaudita, propriamente blasfematória: "Quem pode perdoar os pecados, a não ser

Deus?" (2,7). De fato, além de o ensinamento da Bíblia ser categórico a esse respeito: "Sou eu, sou eu que apago teus crimes", diz Deus pelo profeta Isaías (Is 43,25), também o judaísmo celebra um dia solene do perdão, que é o Yom Kippur. É verdade que os escribas não se expressaram explicitamente, mas Jesus compreendeu perfeitamente seus pensamentos e, para confirmar a eficácia de sua palavra de perdão, efetivamente não verificável aos olhos dos homens, pronuncia uma segunda palavra de cura, física desta vez, perfeitamente constatável: "'Para que saibais que o Filho do homem tem na terra o poder de perdoar os pecados – disse ao paralítico –, eu te ordeno: Levanta-te, toma o teu leito e vai para casa!'. Ele se levantou e logo tomou o seu leito, e saiu à vista de todos" (2,10-12). Ou seja, a palavra de autoridade do Filho do homem, capaz de dar a um doente a saúde corporal, credencia e torna crível a palavra do mesmo Filho do homem que concede o perdão dos pecados e, portanto, a saúde espiritual. Cabe observar de passagem que é a primeira vez que aparece o título "Filho do homem" que Jesus atribui a si mesmo.

O final do relato não menciona a reação dos escribas contestatários, tampouco uma reação de fé implícita da multidão; ele simplesmente expressa seu assombro e seu louvor a Deus. Mas, se por ocasião da primeira passagem por Cafarnaum o ensinamento de Jesus e seus exorcismos revelaram uma autoridade particular, a cura do paralítico durante a segunda passagem desvenda sua autoridade propriamente divina.

A terceira estada em Cafarnaum (9,33-50)

Cafarnaum abre o ministério de Jesus na Galileia e o fecha: de fato, é a primeira localidade citada (1,21) e é dessa mesma cidade que ele "foi para além da Judeia" (10,1). Vai permanecer lá, pela terceira vez, na mesma casa, de Simão e André (1,22; 2,1; 9,33). Já não está cercado pela multidão, mas dedica-se aos Doze que chamou para junto dele e vai lhes falar enquanto mestre: "Se sentou" (9,35). A mensagem que lhes pretende transmitir é, portanto, particularmente importante. É provocada por uma pergunta anterior de Jesus: "Que é que estáveis discutindo no caminho?", e pelo constrangimento em que os apóstolos se veem para responder, "porque no caminho tinham discutido sobre quem seria o maior" (9,33-34). Discussão muito inconveniente, de fato, uma vez que Jesus acaba de lhes anunciar pela segunda vez sua próxima paixão (9,31)

A ligação entre as diversas instruções que Jesus dá a seus apóstolos não é evidente. O próprio Marcos as teria reunido nessa passagem sem levar em conta o tempo e o lugar em que foram dadas? Seja como for, o fio condutor parece ser o desejo de Jesus de preparar os Doze para a hora em que, como servo, ele dará a vida (cf. 10,45) e de fazê-los compreender que sua missão, também deles, será uma missão de serviço (cf. 9,35).

Nessa missão de serviço, há uma exigência primordial: o acolhimento. Pelo menos é o que dão a entender o gesto e o comentário do próprio Jesus ao pegar uma criança. O mesmo versículo não tem menos de quatro ocorrências do verbo acolher (*dekhomai*) com o seguinte encadeamento: acolher a criança é acolher a ele, Jesus; e acolher Jesus é acolher seu Pai (9,37). Mas essa acolhida não deve limitar-se à criança, figura do pequeno, do desprovido, do desamparado. A reflexão quase natural de João, filho de Zebedeu – dessa vez não é o porta-voz habitual, que é Pedro! –, permite a Jesus explicar até onde deve chegar a hospitalidade. Os apóstolos quiseram impedir alguém que não era dos seus – "[ele] não nos seguia" (9,38) – de praticar o exorcismo, considerando-se os únicos detentores desse poder (6,7-13). A resposta de Jesus é categórica: "Pois quem não está contra nós está a nosso favor" (9,40); portanto, convém acolhê-lo. O versículo seguinte, sempre com o tema do acolhimento, inverte a situação: quem souber acolher um discípulo – enquanto discípulo – receberá sua recompensa (9,41).

Será que a última instrução concernente ao escândalo (9,42-49) e a breve alusão à virtude do sal (9,50) prolongam o ensinamento, mantido até então, da virtude de abertura para os outros, sejam quem forem eles, necessária aos discípulos? Não é impossível, pelo menos quanto à recomendação de evitar escandalizar "um destes pequenos que creem" (9,42). O escândalo provocado por um discípulo poderia, de fato, afastar o fraco da comunidade. A continuação do desenvolvimento sobre o escândalo (9,43-49) muda de tom e torna-se de certo modo personalizada, utilizando o estilo direto: "Tua mão", "teu pé", "teu olho". Entretanto, o ensinamento continua idêntico. Cada um deve evitar deixar-se levar ao pecado por si mesmo, para não se ver excluído da vida ou do Reino de Deus. Para isso, que não hesite em utilizar medidas extremas! Ao mesmo tempo, não será motivo de escândalo para os membros mais fracos ou frágeis da comunidade, e assim todos poderão viver "em paz uns com os outros" (9,50). Quanto à alusão ao sal (9,50), seria em razão de sua virtude de conservação e, nesse caso, da unidade da comunidade? Talvez. Ela pode evocar também a partilha do sal, uso bastante conhecido da Antiguidade, para significar a amizade, a paz entre todos: "Vivei em paz uns com os outros" (9,50).

Cafarnaum, e mais precisamente a casa de André e de Simão, casa que não deve ser confundida com as outras mencionadas no evangelho (3,20; 7,17; 9,28), é como que o ponto de convergência do ministério galileu de Jesus. Lá ele revela sua autoridade de docente, de exorcista e de taumaturgo (1,21-35), revela sua autoridade divina perdoando os pecados do paralítico (2,1-12), define o sentido de sua missão, a do servo, e faz seus discípulos compreenderem que será a mesma para eles (9,33-50).

10
A recepção do evangelho de Marcos

Em seu início, a fé cristã se apoia na pregação apostólica, o livro dos Atos dos Apóstolos o atesta. Depois, a partir das gerações seguintes, ela terá como base os evangelhos, cuja lista definitiva (Mateus, Marcos, Lucas e João) parece ter sido fixada no final do século II, conforme certifica um documento da Igreja de Roma, o *Cânon Muratori*. Mas esses quatro evangelhos teriam tido a mesma audiência por parte das comunidades cristãs? Teriam sido recebidos de modo equivalente? Tudo indica que não. Vejamos o que ocorreu com o evangelho de Marcos no decorrer dos séculos e até nossos dias, seja bem no início, seja na profissão de fé que é o Credo, seja nos documentos oficiais mais recentes do Concílio Vaticano II, seja na liturgia atual.

Marcos e seus diversos patronatos

Embora conhecido por Pápias, Ireneu de Lyon, Clemente de Alexandria e Orígenes (séculos II-III), só a partir do século V, com Vítor de Alexandria, encontram-se comentários metódicos sobre o evangelho de Marcos. No Ocidente, Beda, o Venerável (século VIII), seguido por Santo Tomás (século XIII) e Caetano (século XVI) contribuirão para lhe conferir sua plena importância.

E logo de início é a cidade de Alexandria que guarda a memória de Marcos. A lenda o apresenta como o primeiro bispo da cidade e situa seu martírio no ano de 67. Também seus sucessores no episcopado alexandrino reivindicam seu patronato, e ele é reconhecido como fundador da Igreja copta.

Como frequentemente acontecia na época com as relíquias dos santos, no século IX dois mercadores transferiram o corpo do evangelista de Alexandria para Veneza, e foi assim que Marcos se tornou o santo padroeiro da cidade. Foi sepultado numa capela no interior do castelo do doge, depois construiu-se para ele uma igreja-mausoléu, que, destruída e posteriormente reconstruída, foi substituída por uma basílica em estilo bizantino consagrada em 1094.

O emblema iconográfico de Marcos, um leão, animal das estepes desérticas, geralmente alado para distingui-lo do leão de São Jerônimo, faz referência a um dos primeiros versículos de seu evangelho citando o profeta Isaías: "Voz de alguém que clama no deserto" (1,3), voz que pode ser assimilada ao rugido de um leão.

Secretário do apóstolo Pedro, segundo a tradição, o mundo notarial fez do evangelista Marcos seu santo padroeiro.

O evangelho de Marcos no "Símbolo dos Apóstolos"

> *Creio em Deus, Pai Todo-Poderoso, Criador dos céus e da terra.*
> "[…] desde o início do mundo que Deus criou […]" (13,19).

E em Jesus Cristo, seu único Filho, nosso Senhor,
Cristo – Filho único: ver particularmente o título do evangelho: "Boa-nova de Jesus, Cristo, Filho de Deus" (1,1), a profissão de fé de Pedro: "És o Cristo" (8,29), a resposta de Jesus à pergunta do sumo sacerdote: "És tu o Cristo, o Filho do Bendito?" – "Eu sou" (14,61-62), a profissão de fé do centurião romano: "Verdadeiramente, este homem era Filho de Deus!" (15,39).

Senhor: título que só aparece no sentido divino depois da ressurreição: "[...] o Senhor Jesus foi arrebatado ao céu" (16,19.20).

Que foi concebido pelo poder do Espírito Santo, nasceu da Virgem Maria;
"Então chegaram sua mãe e seus parentes e [...] mandaram chamá-lo. [...] 'Tua mãe e teus irmãos estão [...] à tua procura'" (3,31-32). "Não é este [...] o filho de Maria?" (6,3).

Padeceu sob Pôncio Pilatos (cf. 15,1-20),
foi crucificado (cf. 15,21-32),
morto (cf. 15,33-41)
e sepultado (cf. 15,42-47),
desceu à mansão dos mortos.
Ressuscitou ao terceiro dia,
"Tendo ressuscitado na manhã do primeiro dia da semana" (16,9).

subiu aos céus,
"[...] o Senhor Jesus foi arrebatado ao céu" (16,19).

está sentado à direita de Deus Pai todo-poderoso,
"Sentou-se à direita de Deus" (16,19).

donde há de vir a julgar os vivos e os mortos.

Marcos 13,26-27 menciona: "O Filho do homem vindo nas nuvens com grande poder e majestade", mas sem evocar o julgamento.

Creio no Espírito Santo, na Santa Igreja Católica, na comunhão dos santos, na remissão dos pecados,

Lembrar a palavra de Jesus ao paralítico: "Meu filho, os teus pecados estão perdoados" (2,5), cf. também 3,28.

na ressureição da carne (cf. 12,24-27),

na vida eterna. Amém.

Ela é mencionada como recompensa prometida ao desprendimento (10,28-30).

As citações de Marcos nos documentos do Concílio Vaticano II

Dos quatro evangelhos, São Marcos decerto não é o mais citado nos diversos documentos do Concílio Vaticano II. Entretanto, identificam-se cerca de cinquenta citações ou remissões ao evangelho de Marcos.

Três documentos particularmente recorrem a Marcos.

A Constituição dogmática sobre a Igreja: Lumen gentium

— §5:
• "O Senhor Jesus deu início à sua Igreja pregando a boa-nova [...]: 'Completou-se o tempo. Chegou o Reino de Deus'" (1,15).

• "A palavra do Senhor compara-se à semente lançada ao campo (4,14): aqueles que a ouvem com fé e passam a fazer parte do pequeno rebanho de Cristo já receberam o Reino; depois, por força própria, a semente germina e cresce até o tempo da colheita" (4,26-29).

• "Mas este Reino manifesta-se sobretudo na própria pessoa de Cristo, Filho de Deus e Filho do homem, que veio 'para servir e dar a vida em resgate por muitos'" (10,45).

– §14:
"Só Cristo é mediador e caminho de salvação, e ele se nos torna presente em seu Corpo, que é a Igreja; e nos ensina expressamente a necessidade da fé e do batismo" (16,16).

– §16:
"Por isso, para promover a glória de Deus e a salvação de todos os homens, a Igreja, lembrada do mandamento do Senhor: 'Pregai o Evangelho a toda a criatura' (16,16), procura ciosamente estimular e apoiar as missões".

– §19:
• "O Senhor Jesus [...], chamando a si os que ele quis, elegeu doze para estarem com ele e para os enviar a pregar o Reino de Deus" (3,13-19).

• "Enviou-os [os Doze] primeiro aos filhos de Israel e depois a todos os povos [...] para que, participando do seu poder, fizessem de todas os povos discípulos seus e os santificassem e governassem" (16,15).

• "Pregando por toda a parte o Evangelho (16,20), recebido pelos ouvintes graças à ação do Espírito Santo, os apóstolos reúnem a Igreja universal [...]".

– §24:
"Os bispos, como sucessores dos Apóstolos, recebem do Senhor [...] a missão de ensinar todos os povos e de pregar o Evangelho a toda a criatura, para que todos os homens se salvem pela fé, pelo batismo e pelo cumprimento dos mandamentos" (16,15-16).

– §40:
"A todos enviou seu Espírito, que os move interiormente a amar a Deus com todo o coração, com toda a alma, com todo a inteligência e com todas as forças" (12,30).

– §58:
"[...] Jesus [...], o Filho, [...] proclamou bem-aventurados todos os que ouvem a palavra de Deus e a põem em prática" (3,35).

A Constituição pastoral sobre a Igreja no mundo de hoje: Gaudium et spes

Apenas indicamos o número do documento e a passagem respectiva de Marcos:
– §3: Marcos 10,45
– §26: Marcos 2,27
– §43: Marcos 7,10-13
– §48: Marcos 2,19-20
– §72: Marcos 8,36 e Marcos 12,29-31

O decreto sobre a atividade missionária da Igreja: Ad gentes

– §1: Marcos 16,16
– §3: Marcos 10,45

- §5: Marcos 3,13; Marcos 16,15
- §7: Marcos 16,16
- §9: Marcos 13,10
- §13: Marcos 16,15
- §14: Marcos 16,16
- §23: Marcos 3,13
- §38: Marcos 16,15

Outros documentos apresentam apenas uma ou poucas citações.

Para concluir, cabe observar que duas passagens do evangelho são mais presentes: 10,45, que ocorre seis vezes, e a final, 16,15-20, vinte e uma vezes.

São Marcos na liturgia

Com a reforma litúrgica pretendida pelo Concílio Vaticano II, pela mesma razão que Mateus e Lucas, Marcos entra nas leituras dominicais (ciclo B) e também nas leituras da semana.

Com exceção do início do discurso escatológico (13,1-23), o evangelho de Marcos é lido integralmente ao longo do ano litúrgico (ciclo B).

Na semana, de segunda-feira a sábado, da primeira à nona semana, o evangelho de Marcos é percorrido de Marcos 1,14 a 12,44 em leitura quase contínua, com exceção de Marcos 6,35-52 e de Marcos 11,1-10.

A mesma coisa ocorre nos domingos comuns, do terceiro ao décimo sexto, e depois do vigésimo segundo ao trigésimo terceiro. Esses vinte e seis domingos oferecem uma leitura de Marcos 1,12 a 13,32, no entanto com mais cortes do que na semana.

Mas as datas abaixo preenchem as omissões das duas séries de leitura contínua do ciclo B (domingo e durante a semana):
- primeiro e segundo domingos do Advento
- 6 de janeiro antes da Epifania
- terça e quarta-feira depois da Epifania
- primeiro e segundo domingos da Quaresma
- domingo da Paixão (procissão e missa)
- vigília pascal e eventualmente domingo de Páscoa
- sábado da Oitava da Páscoa
- as festas do Senhor: Batismo, Transfiguração, Ascensão, *Corpus Christi* e Sagrado Coração de Jesus
- assim como algumas festas de Santos
  - conversão de São Paulo: 25 de janeiro
  - São João Bosco: 31 de janeiro
  - São Marcos: 25 de abril
- e finalmente passagens propostas pela liturgia
  - do batismo
  - do matrimônio
  - dos defuntos

11
O evangelho de Marcos, chaves para compreender nossa cultura

A Bíblia, Antigo e Novo Testamento, é fonte de inspiração para os artistas, sejam eles escultores, pintores, músicos e até mesmo escritores. E cada época expressou-se de acordo com a sensibilidade do tempo, o das catedrais, por exemplo, ou de sua cultura, como as diversas escolas de pintura.

Embora menos frequente, e por isso menos conhecido que os três outros, o evangelho de Marcos não deixou de inspirar o mundo das artes (escultura, mosaico, pintura). Sem querer ser exaustivo, mais a título de informação, vamos evocar algumas das obras mais conhecidas.

Para ver

Diversas representações de Marcos

– Desde o século XII, ele é representado com os traços de uma pessoa de meia idade, de cabelos pretos e barba arredondada. Veste trajes de bispo grego, uma vez que é considerado o primeiro bispo de Alexandria.

— A partir do século XV, aparece vestido à maneira oriental, com turbante. Escreve num rolo de papiro ou *volumen*, sob inspiração ou de uma figura feminina, *Sophia*, ou de um leão, seu emblema iconográfico.

— No fim da Idade Média, é representado com seu evangelho, no qual está escrito o primeiro versículo: "Começo do Evangelho de Jesus Cristo, Filho de Deus" (Mc 1,1) ou um trecho do Apocalipse, em razão da menção ao leão: "O Leão da tribo de Judá, a Raiz de Davi, venceu […]" (Ap 5,5).

— Também é representado recebendo o texto do evangelho das mãos de São Pedro: sentado a seus pés, anota o que o apóstolo lhe dita.

Retratos

— São Marcos, São Pedro ditando o evangelho para São Marcos, Fra Angelico, tríptico dos Linaioli (1433), Florença, museu São Marcos.

— Marcos escrevendo o evangelho (século XV), Lucas de Leyde, Antuérpia, Museu Real de Belas Artes.

— São Marcos (1447-1448), Mantegna, Frankfurt am Main, Museum Städel.

— São Marcos (1525-1528), Bronzino, Florença, igreja Santa Felicità.

Obras monumentais

— A basílica de São Marcos de Veneza foi construída para abrigar as relíquias do evangelista. É decorada com numerosas representações de sua vida e de sua morte, seja em pinturas seja mosaicos, que a tornam uma "basílica de ouro".

– O convento dominicano San Marco de Florença, dedicado ao evangelista desde o século XIV.

Diversas cenas de mosaicos na basílica de São Marcos de Veneza (séculos XII-XIII)

– São Marcos meditando sobre a redação de seu evangelho, cúpula da Ascensão.
– São Marcos cura Ananias, capela de São Pedro.
– São Marcos batiza Ataulfo, capela de São Pedro.
– Sepultura de São Marcos, capela de São Pedro.
– São Marcos navegando para Alexandria, capela Zen.
– Martírio de São Marcos, capela Zen.
– O padre Teodoro e o monge Stauraeio entregam o corpo de São Marcos a dois mercadores venezianos, capela de São Clemente.
– Os dois mercadores venezianos transportam o corpo de São Marcos, capela de São Clemente.

Em outros locais

– São Marcos pregando em Alexandria (início do século XVI), Bellini, Milão, Brera.
– São Marcos salvando um escravo (1548), Tintoretto, Veneza, Galeria dell'Academia.
– O roubo do corpo de São Marcos (século XVI), Tintoretto, Veneza, Galeria dell'Academia.
– São Marcos cingindo-se das virtudes teologais (século XVI), Veronese, Paris, Museu do Louvre.
– Martírio de São Marcos:
  • Fra Angelico (1395-1455), Florença, Museu São Marcos.
  • As riquíssimas horas do Duque de Berry (século XV), Chantilly, Museu Condé.

Algumas cenas evangélicas de Rembrandt

– Cristo com os apóstolos e a hemorroíssa (Mc 5,27), desenho, *circa* 1660, Viena, Albertina.

– A ressurreição da filha de Jairo (Mc 5,41), desenho, *circa* 1632-1633, outrora em Roterdã, coleção F. Koenings (não se sabe onde se encontra atualmente).

– A prisão de Jesus (Mc 14,46-47), *circa* 1659-1660, Estocolmo, Museu Nacional.

– A crucifixão (Mc 15,24), *circa* 1633, Munique, Pinacoteca.

– As santas mulheres no Calvário (Mc 15,40-41), desenho, *circa* 1637-1638, Londres, British Museum.

– O sepultamento (Mc 15,46-47), *circa* 1636-1638, Munique, Pinacoteca.

Para ouvir

– Paixão segundo São Marcos (1731), Johann Sebastian Bach.

– Paixão segundo São Marcos, Carl Philipp Bach (1714-1788); (texto de Marcos + excerto dos Cântico e da carta aos Efésios).

– *Ostergeschichte* (história da Páscoa segundo São Marcos), A. M. Brunckhorst (século XVIII).

Conclusão

Por muito tempo o mundo exegético não deu atenção ao estudo do evangelho de Marcos, privilegiando os outros três evangelhos, considerados mais substanciais, como o evangelho de Mateus com seus cinco discursos e a menção à Igreja, ou mais bem escrito e composto, qualidade unanimemente atribuída ao evangelho de Lucas, ou então mais espiritual, qualidade conferida com justiça ao evangelho de João. Ora, ocorre que, depois da encíclica *Humani generis*, do papa Pio XII (1950), da Constituição dogmática sobre a Revelação divina *Dei Verbum* (1965) e de um certo número de documentos da Pontifícia Comissão Bíblica, os exegetas sentiram-se autorizados a lançar mão de métodos de leitura dos textos sagrados diferentes dos que prevaleciam até então. Graças a essa renovação, o evangelho de Marcos suscitou verdadeiro interesse, e particularmente em razão de seu caráter narrativo e até mesmo dramático.

Se quiser, o leitor poderá seguir Jesus passo a passo, de certo modo como espectador, misturando-se à multidão. Ao longo da narrativa, compartilhará a admiração e até mesmo o entusiasmo dos contemporâneos de Jesus com respeito à autoridade que ele demonstra tanto em seu ensinamento como diante das forças do mal, espirituais e corporais (1,27). Apreciará sua compaixão diante das aflições humanas (5,25-34; 7,24-30). Eventualmente, compartilhará a dúvida ou a indagação de seus compatriotas: "Não é este o carpinteiro, o filho de Maria?" (6,3) e poderá ficar perplexo diante das condições necessárias para segui-lo: "Se alguém quer me seguir, renuncie a si mesmo, tome sua cruz e siga-me" (8,34). Será que o leitor se associará à multidão que o aclama quando de sua entrada em Jerusalém: "Hosana! Bendito o que vem em nome do Senhor!" (11,9)? Depois de ter conhecimento de sua morte na cruz, de suas circunstâncias e do sentido que o próprio crucificado lhe deu: "Pois o próprio Filho do homem não veio para ser servido, mas para servir e dar a vida em resgate por muitos" (10,45), chegará a dizer com o centurião ao pé da cruz: "Verdadeiramente, este homem era Filho de Deus!" (15,39)? É o segredo de sua própria trajetória.

Mas esse mesmo leitor poderá preferir olhar para os Doze e tentar compreender a alegria, a dúvida, a evolução humana e espiritual deles. Outro caminho se abre, igualmente relevante. Ele se surpreenderá com a espontaneidade de André, de Simão, de Tiago, de João e de Levi ao responderem ao chamado de Jesus: "Abandonando as redes […], deixando o pai […], eles o seguiram" (1,15-20; 2,13-14). Compartilhará o medo dos Doze apanhados na tempestade do lago, assim como sua pergunta quando a calma voltou por ordem de Jesus: "Quem é este, a quem até o vento e o mar obedecem?" (4,41). Decerto se sentirá próximo deles quando ouvirem da boca do Mestre: "Ainda não compreendeis nem entendeis? Estais ainda com o coração endurecido?" (8,17). Facilmente compreenderá a reação de Pedro, que não consegue aceitar a ideia de que seu Messias "deveria sofrer muito, ser rejeitado pelos anciãos, pelos chefes dos sacerdotes e escribas, ser entregue à morte, mas ressuscitar depois de três dias" (8,31). A discussão dos Doze, depois do segundo anúncio da paixão, para saber quem seria o maior no reino por vir (9,33-37), assim como o pedido dos filhos de Zebedeu depois do terceiro anúncio (10,35-40), não o surpreenderá de modo algum. Por ocasião da prisão de Jesus no jardim das Oliveiras, teria ele sido mais corajoso que os Doze, que fugiram todos (14,50), e do que Pedro, que, apesar de todos os protestos de fidelidade, renegou seu Mestre (14,66-72)? O fato é que esses companheiros de Jesus, no dia seguinte à Páscoa, ouvem o Ressuscitado dizer: "Ide ao mundo inteiro, proclamai o Evangelho a todas as criaturas" (16,15).

Há cerca de quarenta anos, dois artistas, Lars Schmidt e Raymond Gérôme, tiveram a ideia de fazer uma leitura dramática do evangelho de Marcos. Eis o que um deles escreve:

> A ideia de contar essa história extraordinária e estranha, e utilizá-la num palco de teatro, sempre me fascinou. [...] Por que São Marcos? [...] A escrita de São Marcos é direta, muitas vezes seca, e às vezes econômica, para não dizer pobre, mas tem um ritmo que maravilhosamente nos leva de um acontecimento a outro. [...] Para nós, este trabalho sobre São Marcos constituiu uma experiência notável: a impressão constante de "descobrir" o ensinamento de um homem, sua assombrosa certeza e sua esperança sem limites. Para mim, é um dos textos mais estimulantes para o espírito que já tive em mãos (Texto citado em *Évangiles synoptiques et Actes des apôtres*, Paris, Desclée, "Petite bibliothèque des sciences bibliques, NT", 1981, 127).

Esse depoimento de um homem que pretende pronunciar-se apenas na qualidade de artista é eloquente. Quem se aventura na leitura do evangelho de Marcos não pode voltar indiferente de sua viagem.

Anexos

Léxicos
Meio bíblico

Apócrifo	Escrito religioso, próximo dos livros do Antigo e do Novo Testamento, não reconhecido como sendo inspirado por Deus e, portanto, não aceito como canônico.
Ázimos	Inicialmente, era uma festa agrária, celebrada na primavera; depois passa a indicar a festa da Páscoa, até chegar a lhe dar seu nome.
Cânon	Do grego *kanon*, que significa "regra"; conjunto dos livros bíblicos (Antigo e Novo Testamento) admitidos pela

	Igreja como "regra de fé" por serem reconhecidos como inspirados por Deus.
Escriba	Judeu que sabe ler e escrever, e por isso é considerado especialista das Escrituras; quase sempre é de obediência farisaica.
Fariseu	Poderia significar "separado"; judeu que se distingue pela observância escrupulosa da Lei e se obriga particularmente a determinadas tradições de pureza; considera-se a elite religiosa.
Herodianos	Judeus, pouco numerosos, apoiadores de Herodes Antipas.
Parasceve	Preparação, à noite, da Páscoa.
Páscoa	Principal festa judaica lembrando a saída do Egito; é celebrada em Jerusalém durante sete dias.
Pretório	Residência do prefeito, Pilatos na época de Jesus.
Pseudoepígrafe	Escrito que traz um nome de autor fictício, geralmente conhecido pela tradição judaica

	e católica, com a finalidade de parecer sério.
Publicano	Judeu encarregado de cobrar o imposto do ocupante romano; por essa razão é desprezado e considerado pecador público.
Querigma	Do substantivo grego *kérygma*, que significa "pregação, proclamação", do verbo grego *kérusso*, "pregar, proclamar". O pregador anuncia o mistério pascal da morte e ressurreição de Jesus, que assim é estabelecido por Deus Senhor e Salvador (cf. At 2,36).
Sábado (*Sabbat*)	Sétimo dia da semana judaica, da sexta-feira à noite ao sábado à noite; dia sagrado reservado ao repouso total e à oração; é objeto de uma legislação minuciosa.
Saduceu	Judeu de origem aristocrática, muito presente no meio sacerdotal e no conselho superior ou Sinédrio, distinguindo-se pela recusa da fé na ressurreição e pela rejeição das tradições dos pais observadas pelos fariseus.

Septuaginta	Tradução grega da Bíblia hebraica efetuada no Egito. Segundo uma lenda, foi realizada em 72 dias por 72 sábios, donde o nome Septuaginta (LXX). Na verdade, essa tradução exigiu um século de trabalho, de 250 a 150 a.C.
Sumo sacerdote	No singular, responsável principal pelo mundo sacerdotal, presidente do conselho superior ou Sinédrio; Caifás na época da paixão de Jesus. No plural, assessores do sumo sacerdote para a administração do Templo.
Taumaturgo	Pessoa que realiza coisas surpreendentes (*thaumata*) – milagres, neste caso.
Teofania	Do grego *Theos* (Deus) e *phainein* (aparecer, mostrar-se); Deus que, em visão, torna-se visível para o homem.
Tetrarca	Título dado aos filhos de Herodes, o Grande, que com sua morte herdaram seu reino: Arquelau, tetrarca da Judeia-Samaria; Antipas, tetrarca da

	Galileia-Pereia; Filipe, tetrarca da Itureia-Traconítide (cf. Lc 3,1-2).
T. M. (Texto massorético)	Bíblia hebraica interpretada por sábios da escola de Tiberíades a partir do século VI d.C.
Vulgata (Vg)	Tradução latina da Bíblia (Antigo e Novo Testamento) realizada por São Jerônimo no século IV d.C. e reconhecida como tradução latina oficial da Igreja no Concílio de Trento, no século XVI.
Yom Kippur	Festa judaica celebrada em setembro para a expiação dos pecados (cf. Lv 16).
Zelote	Do grego *zelotés* (zelosos), qualificativo conferido aos judeus revoltados, em nome da Lei, contra os romanos a partir dos anos 60 d.C. Essa revolta causou a queda de Jerusalém em 70.

Nomes próprios citados em Marcos

Na lista não constam os nomes de Deus, do Espírito Santo, de Jesus. O asterisco depois de um nome indica que o único evangelho em que ele aparece é o de Marcos.

Abiatar*	Sumo sacerdote do tempo do rei Davi (Mc 2,26).
Abraão	Ancestral do povo eleito, pai de Isaac. Os historiadores situam sua história no século XIX a.C. (Mc 12,26).
Alexandre*	Filho de Simão de Cirene e irmão de Rufo (Mc 15,21).
Alfeu	Pai do apóstolo Levi/Mateus (Mc 2,14).
Alfeu	Pai do apóstolo Tiago (Mc 3,18).
André	Um dos doze apóstolos, irmão de Simão Pedro (Mc 1,16.29; 3,18; 13.3).
Barrabás	Assassino; por insistência da multidão, Pilatos se vê na obrigação de soltá-lo da prisão e em troca condenar Jesus (Mc 15,7.11.15).
Bartimeu*	Filho de Timeu, cego de Jericó (Mc 10,46).
Bartolomeu	Um dos doze apóstolos (Mc 3,18).
Belzebu	Chefe dos demônios (Mc 3,22).
*Boanerges**	Apelido dado por Jesus a Tiago e João, que significa "Filhos do Trovão" (Mc 3,17).

César	Título dado ao imperador romano reinante (Mc 12,14.16.17).
Davi	Filho de Jessé. Segundo rei de Israel depois de Saul, reinou primeiro em Hebron (7 anos e meio), depois em Jerusalém (33 anos) por volta de 1000 a.C. (Mc 2,25; 10,47.48; 11,10; 12,35.36.37).
Elias	Primeiro da lista dos profetas; agiu no reino do Norte no tempo do rei Acab, meados do século X a.C. (Mc 6,15; 8,28; 9,4.5.11.12.13; 15,35.36).
Filipe	Um dos doze apóstolos (Mc 3,18).
Filipe	Filho de Herodes, o Grande, irmão de Herodes Antipas, residente em Roma, primeiro esposo de Herodíades (Mc 6,17).
Filipe	Filho de Herodes, o Grande, tetrarca da Itureia e de Traconítide de 4 a.C. a 34 d.C., dá à sua capital o nome de Cesareia (de Filipe) (Mc 8,27).
Herodes	Herodes Antipas, um dos filhos de Herodes, o Grande; reinou

	sobre a Galileia e a Pereia de 4 a.C. a 39 d.C.; Marcos lhe atribui indevidamente o título de rei; oficialmente ele é apenas tetrarca (Mc 6,14.16.17.18.20.21.22; 8,15).
Herodíades	Neta de Herodes, o Grande; casou-se com seu tio Filipe em Roma, depois separou-se dele para se casar com outro tio, Antipas, tetrarca da Galileia-Pereia; mãe de Salomé (Mc 6,17.19.22).
Isaac	Filho de Abrão, primeiro patriarca depois de seu pai (Mc 12,26).
Isaías	Primeiro dos quatro grandes profetas, séculos VIII-VII a.C. (Mc 1,2; 7.6).
Jacó	Filho de Isaac, segundo patriarca depois de seu avô (Mc 12,26).
Jairo	Chefe de sinagoga, pai de uma menina morta aos doze anos e que voltou à vida por intervenção de Jesus (Mc 5,21-43).
João	Um dos Doze, irmão de Tiago, filho de Zebedeu, faz parte dos

	três apóstolos privilegiados (Mc 1,19.29; 3,17; 5,37; 9,2.38; 10,35.41; 13,3; 14,33).
João Batista	Filho de Isabel e Zacarias; célebre por sua pregação e pelo batismo que oferece a seus compatriotas, entre eles Jesus; Herodes Antipas manda decapitá-lo por exigência de Salomé, filha de Herodíades (Mc, 1,4.6.9.14; 2,18; 6,14.16.17.18.20.24.25.27.29; 8,28; 11,30.32).
José de Arimateia	Membro do conselho superior ou Sinédrio, reivindica de Pilatos o corpo de Jesus e o obtém, para sepultá-lo (Mc 15,43.45).
Joset*	Filho de Maria, irmão de Tiago, o Menor, de Judas, de Simão e de Salomé (Mc 6,3; 15,40-47).
Judas	Dito Iscariotes, um dos doze apóstolos; traidor que entrega Jesus aos soldados (Mc 3,19; 14,10.43).
Judas	Dito "irmão" de Jesus (Mc 6,3).
Levi	Filho de Alfeu, também chamado Mateus, um dos doze apóstolos (Mc 2,14).

Maria	Filha de Joaquim e de Ana, esposa de José, mãe de Jesus (Mc 6,3).
Maria	Mãe de Tiago, o Menor, de Judas, de Joset, de Simão e de Salomé (Mc 15,40; 16,1).
Maria Madalena (ou Maria de Magdala)	Libertada por Jesus de sete demônios, é a primeira favorecida pela aparição do Ressuscitado (Mc 15,40.47; 16,1.9).
Mateus	Um dos Doze, também chamado Levi (Mc 3,18).
Moisés	Homem providencial que faz sair do Egito o povo hebreu oprimido por volta de 1250 a.C.; grande legislador ao qual são atribuídos os cinco primeiros livros da Bíblia (Mc 1,44; 7,10; 9,4.5; 10,3.4; 12,19.26).
Pedro	Ou Simão, um dos doze apóstolos, faz parte dos três discípulos privilegiados; mais conhecido que os outros apóstolo por sua confissão: "És o Cristo" e por sua negação: "Não conheço este homem" (Mc 3,16; 5,37; 8,29.32.33;

	9,2.5; 10,28; 11,21; 13,3; 14,29.33.37.54.66.67.70.72; 16,7).
Pilatos	Governador da Judeia na época do ministério de Jesus, conhecido principalmente por ter condenado Jesus à morte (Mc 15,1.2.4.5.9.12.14.15.43.44).
Rufo*	Filho de Simão de Cirene e irmão de Alexandre (Mc 15,21).
Salomé*	Filha de Maria (Mc 15,40; 16,1).
Satanás	Ser celeste, oposto a Deus e maléfico para o homem, também chamado de Diabo e, mais frequentemente nos evangelhos, de o Maligno (Mc 1,13; 3,23.26; 4,15; 8,33).
Simão	Outro apelativo de Pedro, um dos Doze (Mc 1,16.29.30.36; 3,16; 14,37).
Simão	Chamado "o leproso", habitante de Betânia (Mc 14,3).
Simão	Irmão de Tiago, de Joset e de Judas, dito irmão de Jesus (Mc 6,3).
Simão de Cirene	Pai de Alexandre e de Rufo, ajudou Jesus a carregar a cruz (Mc 15,21).

Simão, o Zelote	Também chamado "o Cananeu", um dos doze apóstolos (Mc 3,18).
Tadeu	Um dos doze apóstolos (Mc 3,18).
Tiago	Filho de Alfeu, um dos doze apóstolos (Mc 3,18).
Tiago	Filho de Maria, irmão de Joset, de Judas e de Simão (Mc 6,3), chamado de o menor (Mc 15,40; 16,1), irmão de Joset e de Salomé (Mc 15,40; 16,1).
Tiago	Filho de Zebedeu, irmão de João; sempre associado a seu irmão João; um dos doze apóstolos. Com Pedro e João, faz parte dos três apóstolos privilegiados (Mc 1,19.29; 3,17; 5,37; 9,2; 10,35.41; 13,3; 14,33).
Timeu*	Pai de Bartimeu, cego de Jericó (Mc 10,46).
Tomé	Um dos doze apóstolos (Mc 3,18).
Zebedeu	Pai dos apóstolos Tiago e João (Mc 1,19.20; 3,17; 10,35).

Lugares: localidades e regiões

Betânia	Povoado situado na vertente leste do monte das Oliveiras, na rota romana Jericó-Jerusalém. Jesus o atravessa por ocasião de sua entrada em Jerusalém (Mc 11,1), lá se recolhe à noite quando de sua estada em Jerusalém (Mc 11,11-12), talvez na casa de Simão, o Leproso (Mc 14,3).
Betfagé	Povoado muito próximo de Betânia, na rota romana Jericó-Jerusalém. Jesus envia dois de seus discípulos para lá buscarem um jumentinho para sua entrada em Jerusalém (Mc 11,1-2).
Betsaida	Povoado situado ao norte do lago de Tiberíades, a leste do Jordão. Jesus pede a seus discípulos que o precedam, de barca, para essa localidade (Mc 6,45). Ali ele cura um cego (Mc 8,22-26).
Cafarnaum	Cidade situada na margem noroeste do lago de Tiberíades. Ali Jesus passa três temporadas mais ou menos longas durante

	as quais ensina, cura e exorciza (Mc 1,21-35; 2,1-12; 9,33-50).
Cesareia de Filipe	Localidade situada aos pés do monte Hermon, na nascente do Jordão, capital de Filipe, filho de Herodes, o Grande, lugar da confissão de fé de Pedro: "És o Cristo" (Mc 8,27-30).
Decápole	Do grego *deka* (dez) e *polis* (cidade), é um conjunto de dez cidades situadas essencialmente na Transjordânia, de cultura grega. Gerasa faz parte deste agrupamento (Mc 5,1-20; 7,31).
Galileia	Do hebraico *galil* (círculo). Província norte da Palestina. Na época de Jesus, com a Pereia, território situado em parte na margem leste do Jordão e do mar Morto, a Galileia constitui o reino de Herodes Antipas, cuja capital era Tiberíades. A maior parte do ministério de Jesus no norte da Palestina se desenrola na Galileia (Mc 1,9.14.16.28.39; 3,7; 7,31; 9,30; 15,41) e é na Galileia que ele aparece ressuscitado para os apóstolos (Mc 14,28; 16,7).

Galileia (mar da)	Também chamado lago de Tiberíades ou Genesaré, de pequena superfície (21 km x 12 km), a cerca de 200 m abaixo do nível do mar. Este lago de água doce é conhecido por sua grande variedade de peixes e também por suas tempestades súbitas. Jesus permanece com muita frequência em suas margens (Mc 1,16; 2,13; 3,7; 4,1; 5,1.21; 7,31), atravessa-o de barca (Mc 4,35-41) ou ainda caminha sobre suas águas (Mc 6,48-49).
Gerasa	Uma das dez cidades da Decápole, na Transjordânia, conhecida pelo possesso curado (Mc 5,1-20).
Getsêmani	Do hebraico, literalmente, "lagar de azeite". Lugar situado ao pé do monte das Oliveiras onde se trabalhava com a colheita das azeitonas. Foi lá que Jesus viveu sua agonia (Mc 14,32-42).
Gólgota	Do aramaico, literalmente "crânio", montículo fora dos muros de Jerusalém, a noroeste, lugar do calvário (Mc 15,22).

Idumeia	Província ao sul da Judeia. Herodes, o Grande, era filho de um idumeu. Na multidão atraída por Jesus encontram-se idumeus (Mc 3,8).
Jericó	Oásis conhecido por sua pujança e pela amenidade do inverno, nos confins do deserto, ao norte do mar Morto e próximo da margem oeste do Jordão. Cidade de parada para os viajantes que transitam da Judeia para a Galileia e vice-versa. Subindo para Jerusalém, ao sair da cidade, Jesus cura um cego (Mc 10,46-52).
Jerusalém	Fundada por Davi (século X a.C.) como capital administrativa e religiosa do reino. Lá seu filho Salomão mandará construir o Templo. Incendiada e quase destruída por ocasião da invasão babilônica (século VI a.C.), é reconstruída já na volta do exílio, mas na época de Jesus por um lado a cidade conhece seu pleno esplendor, com as diversas construções herodianas, entre elas o Templo e sua esplanada, e por outro sua

influência religiosa, atraindo multidões por ocasião das festas. Chegando a Jerusalém (Mc 11,1s), com frequência Jesus vai ao Templo (Mc 11,11.15.27). Nesta cidade ele será julgado e condenado (Mc 14,32–15,20), e aos pés de seus muros, crucificado e sepultado (Mc 15,21-47).

Jordão — Do hebraico, literalmente "o que desce" ou "o que corre". Sua nascente está situada ao pé do monte Hermon, a cerca de 500 m de altitude, lança-se no lago de Tiberíades (200 m abaixo do nível do mar) para desaguar no mar Morto (400 m abaixo do nível do mar). Seu curso de cerca de 250 km segue a chamada Falha Africana. A atividade de João Batista situa-se na altura da Galileia (Mc 1,5.9).

Judeia — Província sul da Palestina, cuja capital é Jerusalém. No ano 6 da nossa era, com a destituição de Herodes Arquelau, é administrada por um procurador ou prefeito nomeado

	por Roma (Mc 1,5; 3,7; 10,1), na época de Jesus, Pilatos.
Magdala	Localidade situada na margem leste do lago da Galileia, um pouco acima da cidade de Tiberíades, conhecida por certa Maria (Maria Madalena ou Maria de Magdala), discípula de Jesus (Mc 15,40.47; 16,1.9).
Nazaré	Pequena aldeia da Galileia, nem sequer mencionada no Antigo Testamento. O fato de Jesus ter estado presente nela até o momento de seu ministério – acaso ele não é qualificado de nazareno (Mc 1,24; 10,47; 14,67; 16,6)? – é que a torna conhecida.
Oliveiras (monte das)	Colina coberta de oliveiras, como seu nome indica, que fica de frente para a esplanada do Templo, separada da cidade de Jerusalém pelo vale do Cedron. Jesus chega a Jerusalém a partir deste monte (Mc 11,1), onde faz seu discurso escatológico (Mc 13,3), retira-se para lá depois da ceia pascal (Mc 14,26).
Sídon	Porto de pesca da Fenícia na época de Jesus. No Líbano atual

	é denominado Sídon Saida (Mc 3,8; 7,31).
Sinagoga	"Casa da Assembleia". Lugar de reunião, de ensinamento e de oração de uma comunidade judaica local. A instituição sinagogal instaurou-se tardiamente na história religiosa judaica. Jesus frequenta as sinagogas e nelas ensina (Mc 1,21.39; 3,1; 6,2).
Sinédrio	Designa ao mesmo tempo o lugar, situado sem dúvida na esplanada do Templo, e a assembleia que lá se reúne. Composto de 71 membros que representam o mundo dos sacerdotes, dos anciãos e dos escribas, é encarregado de regulamentar a justiça e todas as questões religiosas (Mc 13,9; 14,55; 15,1).
Templo	"A casa em que Deus faz morar seu nome" (1Rs 8,16-21). O Templo de Jerusalém construído por Salomão (século X a.C.) torna-se o único Templo do povo judeu, o centro de sua vida religiosa no século VII a.C.

	Destruído pelos babilônios em 587 a.C., é reconstruído na volta do exílio (fim do século VI a.C.). O templo que Jesus conhece é o da construção de Herodes, o Grande, iniciada em 20 a.C. É o domínio do sacerdócio e o único lugar em que os sacrifícios são oferecidos. Construído numa esplanada de 480 m de comprimento e 300 m de largura, assiste à afluência de multidões, sobretudo na época das festas. Durante sua estada em Jerusalém, Jesus o frequenta naturalmente (Mc 11,11), expulsa dele vendedores e compradores (Mc 11,15-19), e ensina (Mc 12,35; 14,49).
Tesouro	Cofre de esmolas, decerto situado na esplanada do Templo, destinado a receber a oferenda dos fiéis (Mc 12,41-44).
Tiro	Cidade portuária fenícia na época de Jesus, ao sul de Sídon; no Líbano atual tem o nome de Sur (Mc 3,8; 7,24.31).
Transjordânia	Termo genérico que designa as regiões a leste do Jordão (Mc 3,8).

Cronologia

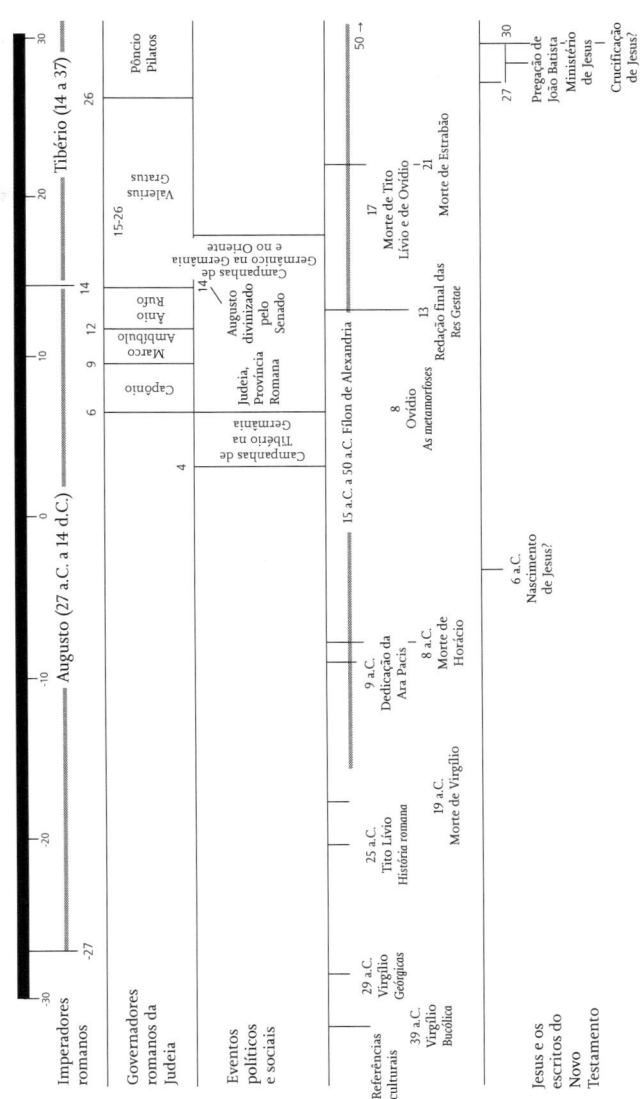

Imperadores romanos
- -27 to 14: Augusto (27 a.C. a 14 d.C.)
- 14 to 37: Tibério (14 a 37)

Governadores romanos da Judeia
- 6–9: Capônio
- 9–12: Marco Ambíbulo
- 12–14: Ânio Rufo
- 15–26: Valerius Gratus
- 26–: Pôncio Pilatos

Eventos políticos e sociais
- 4: Campanhas de Tibério na Germânia
- 6: Judeia, Província Romana
- 14: Augusto divinizado pelo Senado
- 14: Campanhas de Germânico na Germânia e no Oriente
- 13: Redação final das Res Gestae
- 9 a.C.: Dedicação da Ara Pacis

Referências culturais
- 39 a.C.: Virgílio, Bucólica
- 29 a.C.: Virgílio, Geórgicas
- 25 a.C.: Tito Lívio, História romana
- 19 a.C.: Morte de Virgílio
- 8 a.C.: Morte de Horácio
- 8: Ovídio, As metamorfoses
- 15 a.C. a 50 a.C.: Fílon de Alexandria
- 17: Morte de Tito Lívio e de Ovídio
- 21: Morte de Estrabão

Jesus e os escritos do Novo Testamento
- 6 a.C.: Nascimento de Jesus?
- 27: Pregação de João Batista
- Ministério de Jesus
- 30: Crucificação de Jesus?

Anexos 135

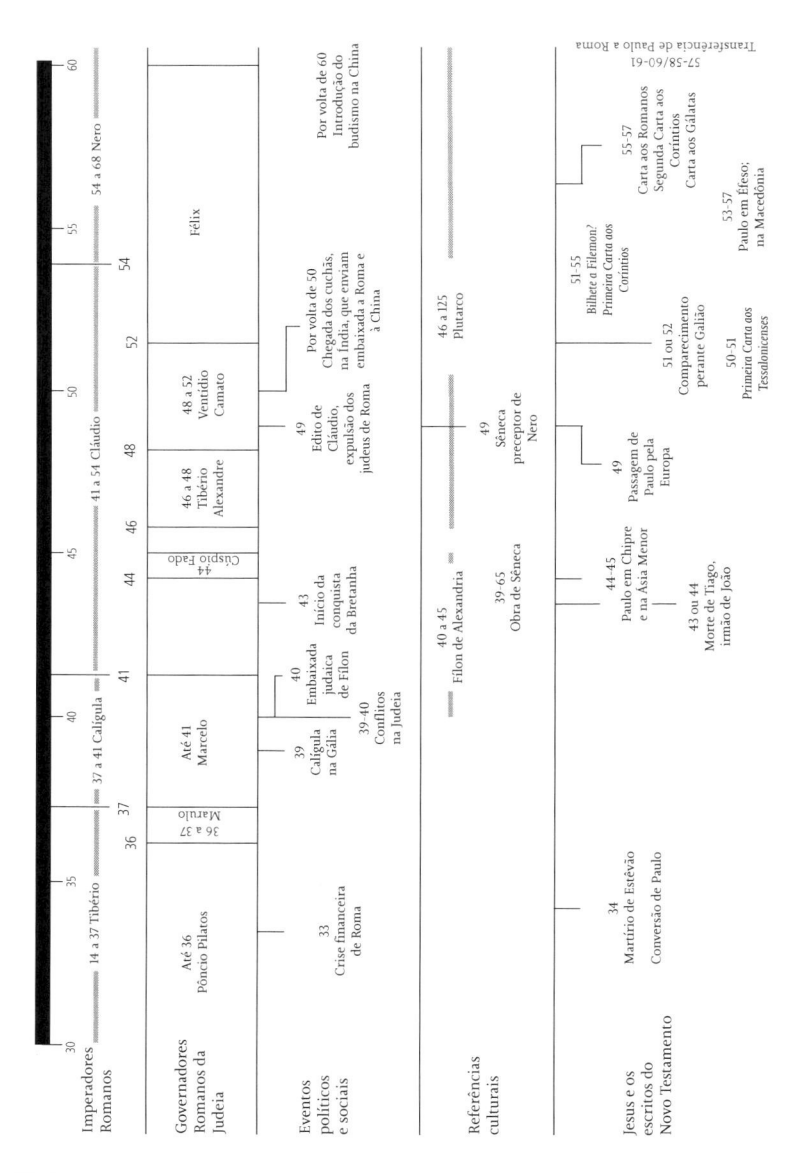

Categoria															
	30	35	36	37	40	41	45	46	48	50	52	54	55		60
Imperadores Romanos		14 a 37 Tibério		37 a 41 Calígula		41 a 54 Cláudio						54 a 68 Nero			
			36 a 37 Marulo												
Governadores Romanos da Judeia	Até 36 Pôncio Pilatos			Até 41 Marcelo			44 Cúspio Fado	46 a 48 Tibério Alexandre	48 a 52 Ventídio Cumano		Félix				
Eventos políticos e sociais	33 Crise financeira de Roma			39 Calígula na Gália	40 Embaixada judaica de Fílon		43 Início da conquista da Bretanha		49 Edito de Cláudio, expulsão dos judeus de Roma	Por volta de 50 Chegada dos cuchás, na Índia, que enviam embaixada a Roma e à China					Por volta de 60 Introdução do budismo na China
				39-40 Conflitos na Judeia					49 Sêneca preceptor de Nero						
Referências culturais						40 a 45 Fílon de Alexandria					46 a 125 Plutarco				
						39-65 Obra de Sêneca									
Jesus e os escritos do Novo Testamento		34 Martírio de Estêvão Conversão de Paulo				43 ou 44 Morte de Tiago, irmão de João	44-45 Paulo em Chipre e na Ásia Menor		49 Passagem de Paulo pela Europa	50-51 Primeira Carta aos Tessalonicenses	51 ou 52 Comparecimento perante Galião	51-55 Bilhete a Filêmon? Primeira Carta aos Coríntios	53-57 Paulo em Éfeso; na Macedônia	55-57 Carta aos Romanos Segunda Carta aos Coríntios Carta aos Gálatas	57-58/60-61 Transferência de Paulo a Roma

136 O Evangelho de Marcos

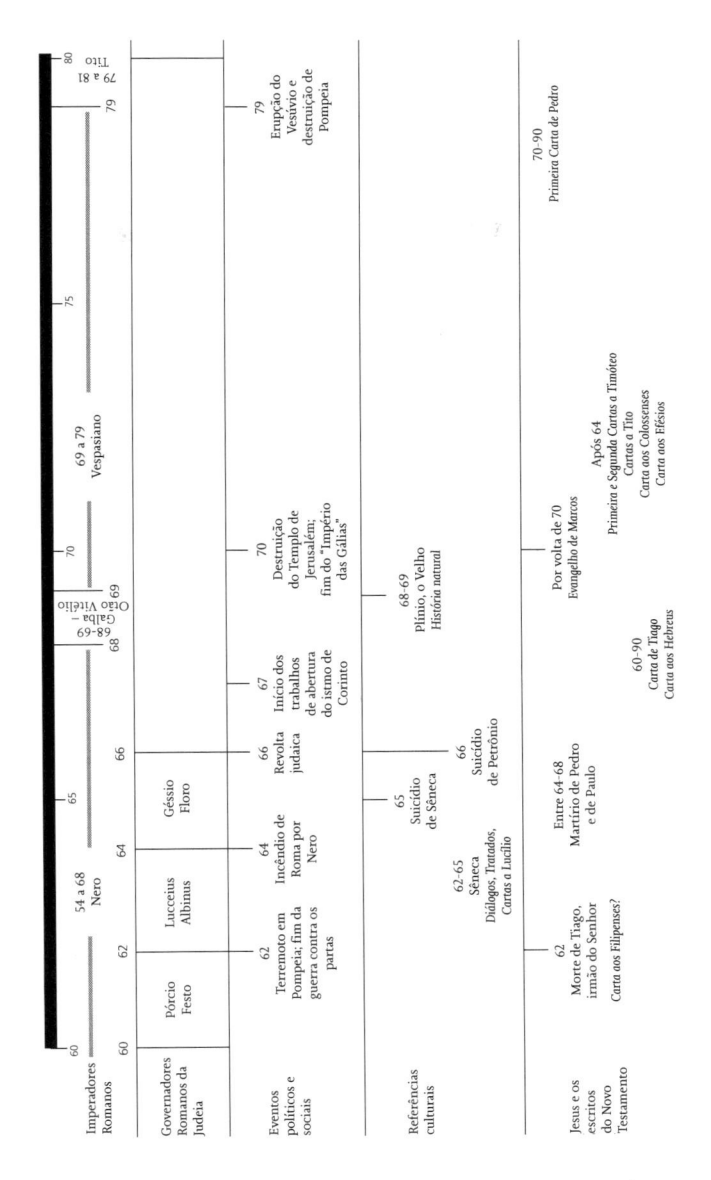

Imperadores Romanos	54 a 68 Nero; 68-69 Galba – Otão Vitélio; 69 a 79 Vespasiano; 79 a 81 Tito
Governadores Romanos da Judeia	60-62 Pórcio Festo; 62-64 Lucceius Albinus; 64-66 Géssio Floro
Eventos políticos e sociais	62 Terremoto em Pompeia; fim da guerra contra os partas 64 Incêndio de Roma por Nero 66 Revolta judaica 67 Início dos trabalhos de abertura do istmo de Corinto 70 Destruição do Templo de Jerusalém; fim do "Império das Gálias" 79 Erupção do Vesúvio e destruição de Pompeia
Referências culturais	62-65 Sêneca *Diálogos*, *Tratados*, *Cartas a Lucílio* 65 Suicídio de Sêneca 66 Suicídio de Petrônio 68-69 Plínio, o Velho *História natural*
Jesus e os escritos do Novo Testamento	62 Morte de Tiago, irmão do Senhor *Carta aos Filipenses?* Entre 64-68 Martírio de Pedro e de Paulo 60-90 *Carta de Tiago*, *Carta aos Hebreus* Por volta de 70 *Evangelho de Marcos* Após 64 *Primeira e Segunda Cartas a Timóteo*, *Cartas a Tito*, *Carta aos Colossenses*, *Carta aos Efésios* 70-90 *Primeira Carta de Pedro*

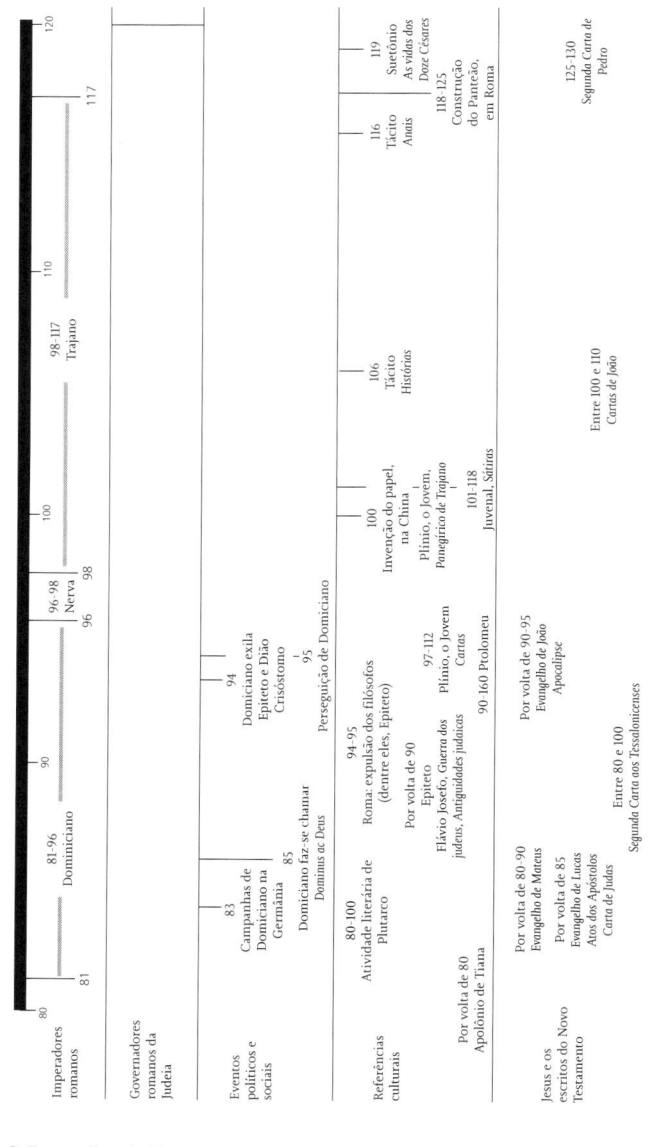

Imperadores romanos	80 — 81	81-96 Domiciano — 90	96-98 Nerva — 96 — 98	98-117 Trajano — 100 — 110		117 — 120	

Governadores romanos da Judeia

Eventos políticos e sociais:
- 83 Campanhas de Domiciano na Germânia
- 85 Domiciano faz-se chamar Dominus ac Deus
- 94 Domiciano exila Epiteto e Dião Crisóstomo
- 95 Perseguição de Domiciano

Referências culturais:
- 80-100 Atividade literária de Plutarco
- Por volta de 80 Apolônio de Tiana
- 94-95 Roma: expulsão dos filósofos (dentre eles, Epiteto)
- Por volta de 90 Epiteto
- Flávio Josefo, Guerra dos judeus, Antiguidades judaicas
- 97-112 Plínio, o Jovem Cartas
- 90-160 Ptolomeu
- 100 Invenção do papel, na China
- Plínio, o Jovem, Panegírico de Trajano
- 101-118 Juvenal, Sátiras
- 106 Tácito Histórias
- 116 Tácito Anais
- 118-125 Construção do Panteão, em Roma
- 119 Suetônio As vidas dos Doze Césares

Jesus e os escritos do Novo Testamento:
- Por volta de 80-90 Evangelho de Mateus
- Por volta de 85 Evangelho de Lucas Atos dos Apóstolos Carta de Judas
- Entre 80 e 100 Segunda Carta aos Tessalonicenses
- Por volta de 90-95 Evangelho de João Apocalipse
- Entre 100 e 110 Cartas de João
- 125-130 Segunda Carta de Pedro

138 O Evangelho de Marcos

Mapas

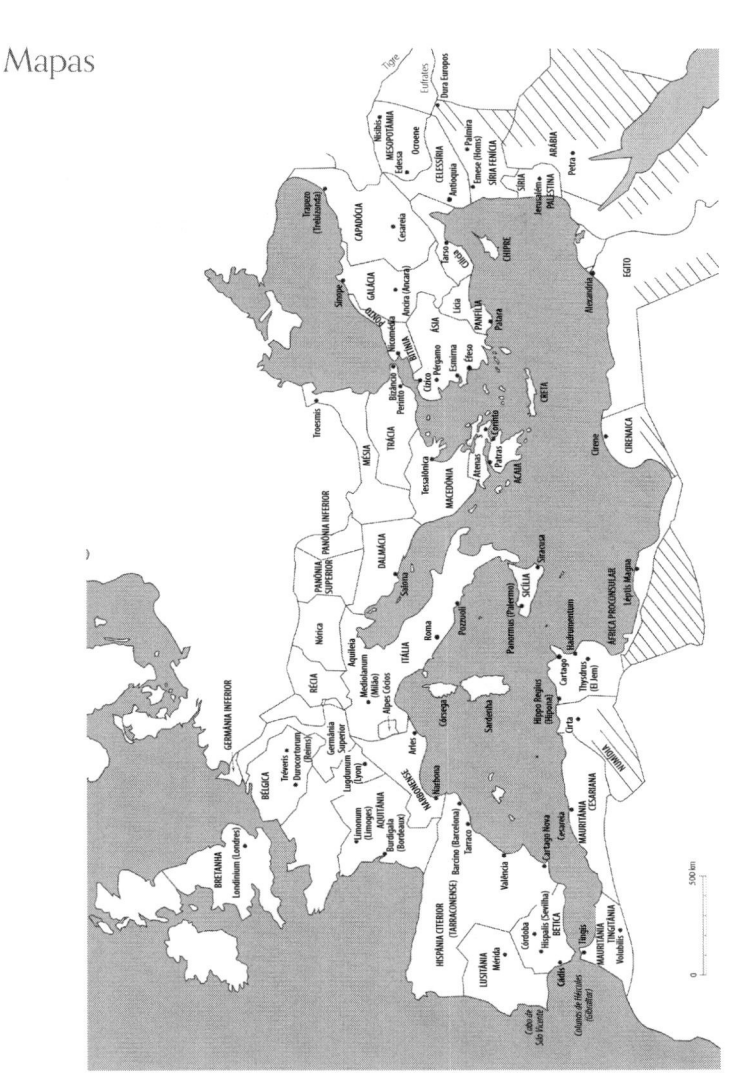

Mapa 1. *O Império Romano no século I.* Principais Províncias. Segundo o mapa de Lepelley, C., *Rome et l'intération de l'Empire, 44 av. J.-C. – 260 ap. J.-C.*, t. 2, Paris, PUF, 1998.

Anexos 139

Mapa 2. Síria Palestina no tempo de Jesus

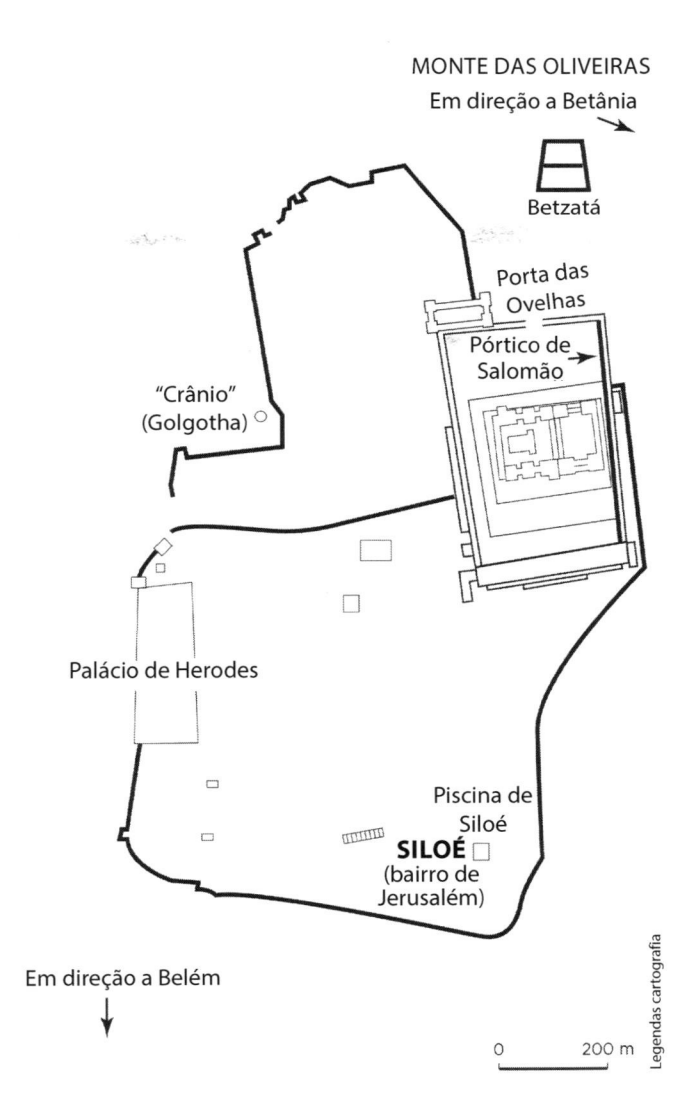

Mapa 3. Arredores de Jerusalém no tempo de Jesus

Bibliografia

N. B.: As citações bíblicas são retiradas da *Bible de Jérusalem* (Éditions du Cerf, Paris, 1998). No entanto, o termo *Basileia* é traduzido por "reino" e não "reinado", e o verbo *metanoéo*, assim como o substantivo *metánoia*, por "converter-se – conversão" em vez de "arrepender-se – arrependimento".

Para situar o evangelho de Marcos no Novo Testamento

BROWN, R. E. *Que sait-on du Nouveau Testament?*. Paris: Bayard, 2000, 168-212.

MARGUERAT, D. (org.). *Introduction au Nouveau Testament. Son histoire, son écriture, sa théologie*. Genève: Labor et Fides, 2001, 35-61.

Para começar uma leitura guiada do evangelho de Marcos

BONNEAU, G. Saint Marc – Nouvelles lectures. *Cahier Évangile*, 117. Paris: Cerf, 2001.

DELORME, J. Lecture de l'Évangile selon saint Marc. *Cahier Évangile*, 1/2. Paris: Cerf, 1987.

ESCAFRE, B. Lire l'évangile de Marc. In: DÉBERGÉ, P.; NIEUVIARTS, J. (orgs.). *Guide de lecture du Nouveau Testament*. Paris: Bayard, 2004, 217-269.

LÉONARD, Ph. Évangile de Jésus-Christ selon Saint Marc. *Cahier Évangile*, 133. Paris: Cerf, 2005.

RUNACHER. C. *Saint Marc*. Paris: Éd. de l'Atelier, Coll. "La Bible tout simplement", 2001.

Comentários recentes

BAUDOZ, J. Fr. *"Prendre sa croix". Jésus et ses disciples dans l'évangile de Marc*. Paris: Cerf, Coll. "Lire la Bible", 154 bis, 2009.

FOCANT, C. *L'évangile selon Marc*. Paris: Cerf, Coll. "Commentaire biblique, Nouveau testament", 2, 2004.

LEGASSE, S. *L'évangile de Marc*. Paris: Cerf, Coll. "Lectio divina. Commentaires", 5, 2 tomes, 1997.

STANDAERT, B. *L'évangile selon Saint Marc*. Paris: Cerf, Coll. "Lire la Bible", 61, 1997.

Edições Loyola

editoração impressão acabamento

Rua 1822 n° 341 – Ipiranga
04216-000 São Paulo, SP
T 55 11 3385 8500/8501, 2063 4275
www.loyola.com.br